KB189045

어서 와~ 조직문화는 처음이지?

홍석환 지음

도서
출판 행복에너지

어서 와~
조직문화는 처음이지?

초판 1쇄 발행 2025년 4월 5일

지 은 이	홍석환
발 행 인	권선복
편　　집	한영미
디 자 인	서보미
마 케 팅	권보송
전 자 책	서보미
발 행 처	도서출판 행복에너지
출판등록	제315-2011-000035호
주　　소	(157-010) 서울특별시 강서구 화곡로 232
전　　화	0505-613-6133, 010-3267-6277
팩　　스	0303-0799-1560
홈페이지	www.happybook.or.kr
이 메 일	ksbdata@daum.net

값 22,000원
ISBN　979-11-93607-78-7(13320)

도서출판 행복에너지는 독자 여러분의 아이디어와 원고 투고를 기다립니다. 책으로 만들
기를 원하는 콘텐츠가 있으신 분은 이메일이나 홈페이지를 통해 간단한 기획서와 기획
의도, 연락처 등을 보내주십시오. 행복에너지의 문은 언제나 활짝 열려 있습니다.

어서와~ 조직문화는 처음이지?

홍석환 지음

신뢰 기반, 유연과 도전으로 탁월한 성과를 내는 기업

경쟁력 있는 회사에는 강한 조직문화가 있다!

도서출판 행복에너지

강한 회사에는
강한 조직문화가 있다

　직원들에게 "왜 입사를 희망하며, 퇴직하는가?"라고 물어보면 어떤 이야기를 많이 할까?

　입사 시에는 사업군에서 회사의 지명도, 규모와 위치, 안정성, 성장 가능성, 연봉과 복리후생, 근무 형태 등을 고려할 것이다. 그러나 자신이 근무할 부서의 상사와 근무 분위기를 미리 파악하는 것은 어렵다.

　퇴직 사유 1순위는 워라밸(Work and Life Balance)이다. 개인 시간을 가질 수 없을 정도로 과도한 업무나 열악한 근무 여건 때문에 퇴직하는 경우가 많다. 또한, 이곳에서 계속 근무하면 정체되고 성장 가능성이 없다는 것도 중요한 이유다. 물론 더 높은 연봉을 제시하는 회사에 관심을 갖게 되는 것도 사실이다. 상사와의 관계도 퇴직 이유 중 하나다. 모범을 보이지 않으면서 직원들에게 모든 일을 지시하기만 하는 상사를 좋아하는 직원은 없다. 또한, 답답하고 경직된 수직적 조직문화를 견디기 어려워 퇴직하는 직장인도 있다.

성장하는 회사가 있는 반면, 도태되는 회사도 있다. 무엇이 성장과 몰락을 결정할까?

두 회사가 있다.

A회사를 방문하면 정문부터 사무실 곳곳이 깔끔하게 정돈되어 있으며, 만나는 모든 직원이 밝고 예의가 바르다. 서성이고 있으면 "어디를 찾으세요? 누구를 만나러 오셨나요?"라고 물으며 친절하게 안내해 준다. 직원들에게 회사와 직무, 회사 생활에 대해 질문하면 모두 희망적이며 만족도가 높다. 회사에 출근하는 것이 즐겁다고 하며, 일을 하면서 배우고 성장하는 것에 감사함을 느낀다고 한다. 또한, 이 회사의 직원이라는 것에 자부심을 느낀다고 말한다.

사무실 벽에는 비전과 전략, 핵심 가치가 게시되어 있다. 직원들에게 회사의 비전, 전략, 중점 과제, 핵심 가치에 대해 물어보면 막힘없이 설명한다. 그들의 얼굴에는 '우리는 할 수 있다', '반드시 해내고 만다'라는 의지와 열정이 엿보인다. 미팅이 끝난 후에는 의자와 회의실을 깨끗하게 정리하는 모습이 자연스럽다.

B회사를 방문했다. 정문에는 차단기가 내려져 있고, 수위실에는 직원이 없다. 차단기 앞에서 잠시 서 있는데 한 직원이 다가온다. 그는 미안하다는 말도 없이 "어디서 오셨습니까?"라고 묻는다. "팀장 대상의 강의가 있어 강의장을 찾고 있다"라고 하니, "차를

저쪽에 주차하고 출입 대장을 작성하라"고 한다. 출입 대장을 작성한 후 강의장이 어디인지 묻자, "들어갈 수 없으니 담당자에게 연락해 안내 받으라"고 한다. 담당자에게 연락했지만, 교육 준비 중인지 전화를 받지 않는다. 사무 건물 문 앞에서 서성이고 있는데도, 지나가는 직원들은 "어떻게 오셨나요?"라고 묻지 않는다.

강의 준비를 해야 해서 지나가는 직원에게 강사임을 밝히고 강의장 안내를 부탁했다. 직원은 사무실 문을 열어주며 "3층으로 올라가라"고 한다. 감사 인사를 하고 3층에 올라가니 강의장인 회의실에는 아무도 없다. 사전에 PC를 요청했는데, 보이지 않는다. 담당자에게 3층 회의실에 도착했다는 문자를 보냈다. 잠시 후 담당자가 아닌 직원이 왔는데, PC를 요청하니 "그것은 강사가 가져오는 것 아닌가요?"라고 반문한다. 사정을 설명하니, "알았다"라고 하며 가는 모습이 싸늘하다. 강의 시작 5분 전, 담당자가 도착하고 한두 명씩 직원들이 들어와 자리에 앉는다. 하지만 인사하는 사람이 없다. 내가 한 명씩 찾아가 인사를 나누는데 그 사이, 강의 시간이 되었다. 그런데 아직 참석자의 절반이 도착하지 않았다. 담당자는 "10분 후 시작한다"라고 일방적으로 통보한다. 그러자 앉아 있던 몇몇 직원들이 일어나 나간다. 10분이 지났지만, 전원 참석이 되지 않는다. 담당자는 "그냥 시작하라"고 말하고는 자리를 떠난다.

이 책은 장기적으로 성장하는 경쟁력 있는 회사가 어떤 조직문

어서와~ 조직문화는 처음이지?

화를 가지고 있는지를 설명하고 있다.

이기는 성공 DNA를 가진 회사들이 있다. 이들은 좋은 문화를 만들고 계승하며, 새로운 가치를 찾아 기존 문화에 접목시킨다. 세상이 점점 더 복잡하고 모호해지며 경쟁이 치열해지는 것을 잘 알고 있다. 이러한 환경에서 추이를 분석하고 선제적으로 방향을 정해 전략과 방안을 수립하여 추진한다. 이들은 미션, 비전, 핵심 가치, 전략과 중점 과제에 대해 전 조직과 임직원이 한 방향으로 정렬되어 있다.

이 책에서는 조직문화를 어떻게 형성할 것인지에 대한 틀을 만들고, 세부 항목에 대한 방안을 제시하며 시사점을 제공한다.

CHAPTER 1은 '왜 조직문화인가?'에 대해 설명한다. 어떻게 기억되길 원하는가? 장기적으로 성장하고 행복한 직장의 모습은 무엇인가? 직원들이 머물고 싶어 하는 회사, 즐겁게 일할 수 있는 회사의 모습을 소개한다.

CHAPTER 2는 '조직문화, 무엇이 문제인가?'에 대한 설명이다. 왜 조직과 구성원들이 도전하지 않고 악착같이 노력하지 않을까? 회사의 병폐가 무엇일까? '했다 주의', '나 아니면 안 된다', '좋은 것이 좋은 거야' 등과 같이 냉소적이며 부정적인 생각과 행동을 하는 이유는 무엇일까? 또한 '의사결정과 소통이 왜 안 되는가?'에 대해 사례를 중심으로 조직문화의 문제점을 제시하고 있다.

CHAPTER 3은 '강한 조직문화를 만드는 30가지 비결'을 중심으로 실질적인 시사점을 제공한다. 어떻게 조직문화를 개선할 것인가? 조직문화를 구성하는 업(業)의 본질, CEO의 철학과 원칙, 의사소통, 의사결정, 회의 문화, 회식 문화, 신세대 이슈, 저성과자 관리, 인사제도 등을 살핌으로써 어떤 조직문화를 어떻게 구축할 것인지에 대한 구체적 방안을 제시한다.

감사해야 할 분들이 있다.

이 책을 집필하면서 기억해야 할 많은 분이 있다. 17년의 삼성(삼성전기, 비서실 인력개발원, 삼성경제연구소), 8년의 LG정유(현 GS칼텍스, 인사기획팀장, 조직문화팀장 등), 6년의 KT&G(변화혁신실장, 인재개발원장) 등 31년간 직장 생활을 하면서 많은 상사와 선배, 동료, 후배님이 지금까지도 잊지 않고 연락을 준다. 한 분 한 분 소개하지 못해 죄송하지만, 마음속 깊이 간직하며 감사드린다.

살면서 정 많고 특히 각 분야 인사 전문가이신 분들의 도움을 많이 받았다. 한국HR포럼 회원님들, 인사노무연구회 회원님, 인사 전문지인 월간 인사관리, 인재경영, 월간 HRD, HR Insight 편집장님과 기자님에게 감사드린다.

또한 한솔교육, 애경그룹, 경신, 마이다스 아이티, 동서식품, 유한양행, 대웅제약, 한솔그룹, 현대그룹, 선일다이파스, 한국 콜

마, LX홀딩스, KCI, 해피랜드, HD현대, 해양 에너지, 아세테크, 코코도르, 투유드림, 이조스페이스, 스마트카라, 범진, 부릉, 아주그룹, 조광페인트, 코엑스, 삼전순약공업, 몽고식품, 지방공기업평가원, HR에듀센터, 한국경제인협회, 대한상공회의소, 한국경영자총협회, 중도일보, 원티드의 인살롱, 한국경제신문사, 매일경제신문사 등의 관심과 지원 덕분에 성장할 수 있었다.

2003년부터 주 5회 작성해 온 '홍석환의 3분 경영' 독자님들의 격려가 없었다면 이 책은 빛을 볼 수가 없었다. 40년 넘게 아낌없는 사랑과 감동을 주는 아내, 결혼하지 않고 함께 사는 직장인 큰딸 서진, 손녀 비안과 손자 정안의 엄마인 작은 딸 서영과 착하고 든든한 사위, 출판을 앞두고 임종 하신 아버지의 명복과 어머니의 행복을 기원한다.

마지막으로, 끝까지 교정을 보고 졸고를 옥고로 편집하여 한 권의 책으로 세상에 나오도록 해준 〈도서출판 행복에너지〉의 권선복 대표님께 깊은 감사를 드린다.

2025년 3월, 일산 집무실에서
홍석환

CHAPTER 2
우리 회사 조직문화, 무엇이 문제인가?

CHAPTER 3
강한 조직문화를 만드는
30가지 비결

CHAPTER 1

왜
조직문화
인가?

어떻게 기억되길
바라는가?

직장생활을 즐겁게 하느냐, 그렇지 않느냐 결정하는 많은 부분이 상사와의 관계에 있다. 사실 조직문화도 상사의 생각과 언행에 크게 영향을 받는다. 조직문화 관련 책을 집필하면서 가장 먼저 생각한 것이 상사이다. 31년의 직장생활을 하며 여러 상사를 만났다. 길고 멀리 보며 방향을 제시하고, 올바른 의사결정을 하며, 조직과 직원을 성장시킨 상사가 떠오른다. 이분과 근무할 때는 배운다는 생각에 힘든 일도 즐거웠다. "악순환"이라 불린 상사도 있었다. 매사 화를 내며 책임을 지지 않고 극도의 이기를 보인 실망스러운 상사이다.

어떤 상사가 일하고 싶은 조직문화를 이끄는가? 여러분은 상사에 대해 어떤 감정을 가지고 있는가? 멘티들에게 존경하는 상사와 실망스러운 상사의 특징을 이야기하라고 했다.
존경하는 상사의 특징으로 이야기한 것은 다음과 같다.

① 가고자 하는 방향이 정확하여, direction도 정확히 내려준다.
② 부하 직원의 역량 향상을 중요시 여긴다.
③ 적절한 권한 부여 및 위임을 한다.
④ 부하의 의견을 믿고 용기를 내게 한다.
⑤ 다름을 인정하고 의견을 존중해 준다.
⑥ 본인이 맡은 직무 전문성이 뛰어나다.
⑦ 부하 직원에게 세세하게 코칭을 해준다.
⑧ 상사와 직원들에게 관심을 갖고, 매사에 솔선수범한다.
⑨ 한쪽으로 치우쳐 있지 않고, 전사적 관점에서 일한다.
⑩ 소통 역량이 뛰어나다.

　반면, 실망스러운 상사는 이기주의, 무원칙/무논리, 과격하고 상처 주는 언행, 책임 회피/전가, 부정행위 등을 하는 상사라고 한다. 두려운 것은 존경하는 상사에 대한 기억보다는 상처 준 상사를 오래 기억하며, 받은 상처는 쉽게 아물지 않는다는 점이다.

　직장생활을 하면서 나는 어떻게 기억되고 있고, 기억되길 원하고 있는가? 일하기 좋은 조직문화를 이끌어 가는 데 나는 어떤 역할, 언행을 해야 하는가?

　상사를 판단하는 기준은 무엇인가?

　한 가지 면을 가지고 사람을 본다면 편협해질 가능성이 높다. 물론 그 한 가지가 인성, 전문성과 같이 매우 큰 영역의 특징이라면 상사를 판단하는 수단이 될 수도 있다. 하지만, 인성과 전문성

두 축으로 상사를 보면 어떨까? 인성과 전문성 모두가 뛰어난 상사, 인성은 좋지만 전문성이 떨어지는 상사, 인성은 나쁘지만 전문성이 좋은 상사, 인성과 전문성이 모두 떨어지는 상사로 좀 더 명확해진다. 여기에 하나의 축을 더하면 부하 육성이다. 그리고 하나를 더하면 소통 역량이다. 2개의 축으로 보는 것과 4개의 축으로 보는 것은 다를 것이다. 하나의 축의 장점과 단점을 비교하면 그 판단의 내용은 보다 광범위해지고 객관화될 수 있다.

7가지 축의 장점과 단점을 중심으로 존경하는 상사와 실망스러운 상사의 행동을 정리하였다. 문항은 상사이지만, 그 대상을 상사, 본인, 구성원으로 놓고 바라볼 수도 있다. 장단점으로 비교 판단을 했을 때, 나는 각 항목별 5점 척도로 몇 점인가 판단해 보자.

1축은 비전으로 **비전을 제시하는 상사 vs 비전 없이 단기 성과만 강조하는 상사**이다.

① "우리는 이렇게 간다고 방향을 먼저 제시하며 파이팅할 때"
② "기존 일의 유지/개선보다는 새로운 일, 성장에 대한 시도에 치중할 때"
③ "앞으로 무엇으로 먹고 살지 확신을 주지 못하고, 그저 열심히 하라고 할 때"
④ "장/단기 관점을 모두 강조하지만, 실질적으로는 단기 관점의 의사결정을 할 때"

어서와~ 조직문화는 처음이지?

2축은 통찰력으로 **장기 관점의 통찰력 vs 김 부장, 정 대리 같은 실무형**이다.

> ① "미처 생각지 못한 큰 그림의 중요한 부분을 바로잡아줄 때"
> ② "내부보다는 외부 이슈에 관심, 하던 대로가 아닌 새로운 issue 를 제기할 때"
> ③ "업무에 대해 핵심이 아닌 세세한 내용까지 관여할 때"
> ④ "해당 본부 책임자 입장에서만 생각, 전사적 관점과 경영자 관점에서는 생각 안 할 때"

3축은 전략으로 **핵심 파악 'Smart Work' vs 핵심 파악 부재 'Hard Work'**이다.

> ① "전체 방향과 전략을 귀신처럼 캐치하는 스마트한 모습"
> ② "실패 위험에도 불구하고 책임지겠다며 중요한 결정을 내릴 때"
> ③ "'전략, 방향을 챙기기보다는 세부 숫자만 가지고 계속 일을 다시 시킬 때"
> ④ "전략의 중요성을 강조하지만, 정작 방향과 내용의 구체성이 없을 때"

4축은 윤리로 직원들도 다 본다. **롤 모델이 될 것인가? vs 뒷담화를 들을 것인가?**

> ① "바른 일을 하고 있다는 믿음을 줄 만한 윤리적 행동을 할 때"
> ② "믿고 따라도 되겠다 싶은 청렴한 인품을 가진 임원"

③ "양심이나 이치에 맞지 않는 행동을 할 때"
④ "업무상 일이 아닌 것 같은데 법인카드를 남용할 때"

5축은 의사소통으로 **소신 있는 의사소통 vs 윗사람 의중에 대한 지나친 고려**이다.

① "최고 경영자의 의중을 제대로 파악하고 소신을 가지고 지시할 때"
② "구성원들이 어려워하는 부분에 인간적인 소통 및 편한 대화의 기회를 줄 때"
③ "소신에 따라 설득하기보다는 위에서 시키는 대로 결정을 내릴 때"
④ "다른 사람의 의견을 경청하지 않고, 잘못된 점만 지적할 때"

6축은 부하 육성으로 **배움을 주는 상사 vs 요령을 알려주는 상사**이다.

① "함께 일하고 나면 넓은 시야 등 많은 것을 배웠다고 느낄 때"
② "신뢰가 바탕이 된 칭찬/격려 속에 핵심을 찌르는 업무 지적/가르침이 있을 때"
③ "일에 대한 실수를 가지고 성격이나 자질까지 언급할 때"
④ "직원의 개성을 이해 못 하고, 모난 돌이라며 정으로 쫄 때"

어서와~ 조직문화는 처음이지?

7축은 네트워크로 **Wi-Fi 형 vs 회사 빨대형**이다.

① "외부에 다양한 활동을 하며 회사의 이미지를 대변할 때""
② "업무 내외로 다양한 교양과 주제를 가지고 계실 때"
③ "외부 세미나에 얼마나 참여하고, 책은 몇 권 읽으시는지 묻고
   싶을 때"
④ "회사 임원들, 상사와의 저녁식사에 참석하는 것이 고객, 외부
   기관 약속 보다 우선할 때"

"있을 때 잘하라"라는 말을 자주 듣는다. 직장을 퇴직하고 2년 정도 지났을 때, 연락이 오는 사람이 있는가? 십여 년이 지난 어느 날, 기회가 되어 전 직장에 갔을 때, 자신이 남긴 흔적을 찾을 수 있거나, 자신을 알아보며 반갑게 맞이하는 사람이 있겠는가? 어떻게 기억되길 원하는가? 사실 어떻게 기억되길 바라며 일하는 사람은 그렇게 많지 않다. 하지만, 먼 훗날 이 회사에 입사하는 직원들이 지금 내가 근무하는 환경보다는 더 편하고 더 좋은 환경에서 더 멀리 길게 보며 회사를 성장시키길 원하며 일하면, 자연스럽게 일도 더 즐겁고 성과도 높고, 오래 기억되는 사람이 되지 않을까? 일하기 좋은 회사, 자신의 역할을 다하며 서로 믿고 존중하는 문화를 유산으로 남기려는 생각이 임직원들에게 내재화되어 있다면 이 회사는 성장하지 않겠는가?

02

위기 시, 망할 것인가?
기회를 만들 것인가?

철저한 자기반성이 먼저이다

위기의 시대이다. 생계형 사업을 하는 지인을 만나면 어렵다는 말만 한다. 심한 경우, 가게를 정리해야 하는데 무엇을 해 먹고 살아야 할지 막막하다고 한다. 사실 힘든 순간이 이번 한 번이 아니었고, 힘들게 만든 요인을 찾으면 수없이 많다.

망해가는 이유를 가장 잘 아는 사람은 그곳에서 일하는 임직원이다. 이들을 보면 회사를 알 수 있다. 망해가는 회사에서는 근무시간임에도 불구하고 주변 식당이나 카페에서 음식을 먹거나 수다를 즐긴다. 일하는 척은 하지만 PC를 바라보는 눈빛에서 열정을 찾아볼 수 없다. 공장에는 불량품이 발생했는데도 라인을 정지하지 않고 그냥 흘려보낸다. 경쟁사에 비해 형편없이 낮은 생산성, 안주하는 태도, CEO만 바라보며 시키면 시키는 대로, 하라면 하라는 대로 일한다. 지시는 못 하면서 지적은 잘하는 상사,

회의, 회의, 또 회의인 회의 만능주의, 낮은 목표를 설정하고 달성했다고 보상만 요구하는 근성 없는 태도가 만연하다. 회사가 망하기 전에 이미 직원들의 의식과 행동이 망해가고 있는 것이다.

과거 삼성에서 현실을 솔직하게 이야기해 보자는 운동이 있었다. 삼성 신경영이다. 근본적으로 "기본으로 돌아가자"라는 것이었다. "나부터, 윗사람부터, 쉽고 작은 것부터 철저히"가 하나의 원칙이 되었다.

삼성 개혁의 시작은 철저한 자기반성이었다. 삼성이 절대 1등이 아니라는 사실을 인정하는 것에서 출발했다. 그룹 연수원 1층 로비에 거대한 부스가 설치되었다. 글로벌 1등 제품과 삼성 제품을 비교 전시하여 그 수준 차이를 명확하게 알게 했다. 개인과 집단의 이기주의, 말로만 고객만족, 농업적 근면성만 강하고 창의성이 부족한 근무태도, 양 위주의 사고 등을 반성하기 시작했다.

망한 다음에 무슨 할 말이 있겠는가? 삼성의 선택은 철저한 자기반성을 통한 위기의 인지였다.

과거는 과거일 뿐이다

신입사원에게 일을 지시하면 가장 먼저 하는 일이 무엇일까? 대부분 과거 자료를 찾는다. 이는 과거 성공과 익숙함을 우선시하는 선택일 것이다. 백지 상태에서 문제를 파악하고 개선하거나, 바람직한 모습을 설정하고 도전하려는 열정이 부족하다. 그러나 이는 신입사원의 잘못이 아니다. 조직 내에서 학습된 결과이다. 조직 내에서 이런 일 하는 방식이 뿌리 깊게 존재하기 때문이다. 상황의 변화에도 불구하고, 과거 승인되었기 때문에 이번에도 승인될 것이라는 막연한 기대감이 일을 제자리에 머물게 한다.

의사결정에 있어서 과거의 성공이 미래의 발목을 잡는 일은 매우 많다. 아날로그 시대의 근면성을 바탕으로 했던 일들을 디지털 시대에도 답습한다. 마치 엑셀을 사용하면 10분이면 끝날 일을, 계산기로 두드리면서 하루 종일 일을 하는 것과 같다.

문제에 대해 개선하는 일을 할 것인가? 바람직한 모습을 그리고 추구하는 일을 할 것인가?

과거에 머물러 있는 임직원들은 문제 발생 시, "개선하면 된다"라는 사고방식이 팽배하다. 많은 중소기업 경영자는 중견기업이 되려고 하기보다는, 지금까지의 성공을 바탕으로 이제 한 걸음 한 걸음 개선해 가면 충분하다고 생각한다. 새로운 일을 벌이기보다는 기존 일의 유지에 치중한다. 신사업에 대한 연구·개발 투자보다는 기존 사업의 유지·관리를 통한 이익 극대화에 더 많은 관심을 갖는 듯하다. 이러한 기업은 어느 순간 반드시 정체되고, 궁극적으로는 망하게 된다.

과거에 머물며 개선하면 된다는 사고방식은 쇠퇴로 가는 길이다.

어서와~ 조직문화는 처음이지?

새로운 것에 대한 도전과 악착같은 실행을 통해 부가가치를 창출하고, 이를 통해 이익을 내야만 기업은 성장한다. 머무는 것은 고이고 궁극적으로 썩게 되어, 반드시 위기를 부르게 되어 있다.

위기를 바라보는 시각과 리더의 대응

위기와 변화는 반드시 온다. 어떤 시각으로 바라보며 준비하느냐의 차이가 문화를 만들고, 성장과 쇠퇴의 갈림길을 결정하는 원동력이다. 위기의 순간, CEO가 모든 투자를 중단하고, 조직과 인력의 구조조정을 시작하며, 제공하던 중식을 중단하면 무슨 일이 발생하겠는가? 변화를 면밀하게 인지하고 선제적 방안을 결정하여 추진하지 못하고, 위기의 순간이 오게끔 경영을 한 CEO가 가장 큰 책임이 있는 것 아닌가?

금융 위기 시, 위기에 대응하는 두 기업이 있다.

A기업은 위기를 기회로 보며 지금껏 보유하고 있던 자산을 갖고, 보다 도전적인 인수합병을 추진했다. 갑자기 안 좋게 된 상황에 준비가 안 되어 흑자 도산하는 좋은 기업을 유리한 조건으로 사들인 것이다. 재력이 있었고 무엇보다 변화를 읽고 과감한 전략을 펼치는 CEO가 있었기에 가능했다.

B기업은 충분한 자금이 있었음에도 불구하고 움츠렸다. 오히려

조직과 구성원에게 지금은 위기 상황이니 최대한 불필요한 경비 사용을 자제하라고 했다. "소나기는 피해 가라"는 옛말처럼 위기의 순간에 잔뜩 움츠려 있을 뿐 기회로 만들려는 노력을 하지 않는다. 어느 기업이 성장하고, 어느 기업이 망하겠는가?

리더는 길고 멀리 보며 방향을 정하고, 전략과 중점 과제를 만들어 악착같이 실행하며 이끄는 사람이다. 리더의 그릇 크기와 리더십이 조직문화의 원동력이며, 조직과 구성원의 성장과 성과를 좌우한다. 회사와 구성원의 인정과 존경을 받는 리더는 좋은 사람이 아니다. 조직과 구성원의 가치를 올리며 성과를 창출하도록 하는 리더가 되어야 한다. 이들은 현재를 기반으로 미래를 예의 주시하며 큰 모습을 그리며 방향을 정해 강력하게 실행해 간다.

어려울 때 가장 쉽게 이야기하는 것이 감축이다. 이보다 위기가 오기 전에 철저한 준비와 실행을 통해 지속 성장을 이어가는 것이 기업의 문화로 정착되어야 한다. 매년 최고의 당기순이익을 달성하고도, 다음 해에는 위기라며 구성원에게 지속적 혁신을 강조하는 기업이 있다. 위축되라는 것이 아니다. 복지부동(伏地不動)하라는 것은 더더욱 아니다. 미래를 위해 현재 더욱 깨어 준비하라는 말이다. 현재에 만족하지 않고, 항상 더 높이 더 멀리 큰 틀과 방향을 보며, 전략과 방안을 실행하는 이기는 문화가 기업 내 자리 잡고 있어야 한다.

어서와~ 조직문화는 처음이지?

03
장기 성장하는 기업 만들기

개인이 머무는 이유

멘티 한 명은 매일 퇴근 시간이 늦다. 한 달에 두 번 이상은 주말에 출근한다. 주 52시간 적용 기업이고 포괄임금제를 적용하기 때문에 초과근무 수당도 없다. 멘티는 매일 늦은 시간까지 자료를 수집·정리하여 보고서를 작성할 뿐 아니라 주제별로 저장한다. 하루 1시간 이상은 자기계발 시간으로 직무 관련 책을 읽거나 전문가를 만난다.

멘티는 힘이 들지만 자신이 성장하고 있다고 웃으며 말한다. 작년에 PHR 자격증을 취득하라고 조언했더니 올해 PHR 자격을 취득했다. 내년에는 노무사 자격 취득을 목표로 삼고 있다. 직무 중심의 HR 원칙과 제도를 구축하기 위해, 채용부터 퇴직까지 속인주의 인사제도 내용을 찾아 직무 중심으로 전환을 검토하고 있다. 멘티는 '근무하고 있는 회사는 배우고 성장하는 곳'이라고 한다.

수행하고 있는 직무, 함께하는 사람들을 통해 학교에서 배우지 못한 인사 전반의 이론과 실제 사례를 배우고 적용하고 있다. 멘티가 잘하는 일은 자신이 한 일을 정리하여 기고나 강의안 등의 결과물을 창출하는 데 있다. 인사 영역별 보고서, 사례, 벤치마킹 자료, 책이나 전문가 피드백 내용이 정리된 개인 외장하드의 자료가 체계적이다. 가장 뛰어난 점은 지속적으로 한다는 것이다.

직원이 머물길 원하는 회사 만들기

직원들이 오래 근무하면서 많은 성과물 또는 업적을 창출해 회사 발전에 기여한다면 최고 경영자는 기쁠 것이다. 직원들이 회사를 떠나는 이유 중 아직까진 금전적 보상 요인이 크다. 연봉 5천만 원을 받는 직원에게 천만 원 더 인상할 테니 오라고 하면, 갈등하지 않을 직원은 그리 많지 않다. 보상보다 강한 요인은 자신을 성장시킬 수 있는 회사와 직무이다. 최근 젊은 직원들은 성장에 대한 욕구가 매우 높다. 성장이 되지 않는다고 판단하면, 머물려 하지 않고 과감히 떠난다. 상사와 선배, 주변 사람과의 관계 악화도 퇴직 사유로 높은 비중을 차지한다. 하지만, 보상과 성장에 비하면 그 비중은 갈수록 낮아지고 있다.

최고 경영자가 직원을 오래 머물게 하기 위해서는 다음 3가지를 고려할 수 있다.

첫째, 임직원이 가장 안전하고 편안하게 작업 환경을 조성해 주는 것이다.

국내 대기업 본사 건물을 방문하면 무슨 호텔을 온 것과 같은 편안함과 깨끗함을 느끼게 된다. 화장실만 봐도 우리 기업들이 얼마나 변했는지 알 수 있다. 1층에 1곳이던 화장실이 남녀 구분으로 2곳이 되고, 지금은 양 끝에 남녀 각각 4곳의 화장실이 있다. 화장실은 넓고 쾌적하다. 안에 비데는 기본이고, 화장지와 세면대 주변은 깔끔하다. 주변 인프라가 잘 발달된 곳에 사무 환경을 매력적으로 조성하면 임직원의 자부심은 올라가게 된다. 여기에 식사가 맛있게 제공되면 금상첨화이다. 강남에서 근무하면서 점심시간이 행복하지만은 않았다. 함께 할 사람, 먹을 것에 대한 선택, 그리고 비싼 가격 등이 이유이다. 식사를 위해 밖에 나갈 생각을 하지 않고, 오늘 식당에서 어떤 음식이 우리를 기다릴까, 기대가 될 정도라면 직원들이 머물 가능성이 높다.

둘째, 직무를 통한 자부심 고취이다.

자신이 하는 일의 의미를 알고, 인류 사회에 도움이 된다는 생각을 갖고 있으면, 일에 임하는 마음가짐과 자세가 다르다. 누구를 위해 일하는가? 인류 사회를 위해 일하는 것, CEO를 위해 일하는 것, 자신을 위해 일하는 것은 다르다. 내 일을 하면서 가슴 뛰는 즐거움을 느낀 적이 있는가? 먹고살기 위해 일한다면 가슴 뛰는 즐거움을 느끼기 어렵다. CEO를 위해 일한다는 생각을 갖고 있으면 주인의식과 열정은 이끌어 내기 어렵다. NASA에서 청소하던 직원이 자신은 바닥을 청소하는 것이 아닌, 달에 착륙하는 데 기여한다고 의미를 부여했다. 그 일이 힘들고 짜증 나겠는가? 올림픽 경기에 참가하는 선수들은 단순 반복 행동을 수만 번 이상 연습하며 무슨 생각을 했을까? 그들에게 기대와 자부심이 없다면 수없이 반복되는 연습에 지치지 않을까?

자신이 하고 있는 직무를 통한 성장과 전문가로서 자부심을 느끼게 해 준다면, 직원은 떠나지 않을 것이다. 이곳이 아니면 배울 수 없고, 최고의 학습장이라면 전문가를 꿈꾸는 사람은 머물 것이다.

셋째, 도전할 과제가 있고 성취감을 느끼면 머물게 된다.

뛰어난 직무와 리더십 역량을 보유하고 있는 핵심 인력인 A팀장이 있다. 담당 팀은 역량 수준이 떨어지며 고연령인 팀원 1명이고, 할 일은 일상 반복적인 생산 현장의 근태, 불량 파악, 포장 점검의 일만 하면 된다. A팀장은 무슨 결정을 하겠는가? 회사에서 임직원을 분노하게 하는 방법은 의외로 간단하다. 누구나 생각해도 너무나 하찮은 일을 주는 것이다.

개선과 도전 과제를 부여하거나, 스스로 이를 기획하여 달성해 성취감을 느끼게 해야 한다. 이 과정에서 역량과 실력도 향상하게 된다. 실력 이상의 과제를 수행하여 '내가 살아 있다'라는 즐거움을 줘야 한다. 사람은 '내가 이곳에서 의미 있는 성과를 내고 있다'

라는 생각이 있으면 머문다. 회사는 이들을 찾아 핵심 가치 실천인 공로상, 명예의 전당, 명인 명장, 사내 교수, 임원 승진 등 적절하게 인정해 주고 동기부여 한다면 그들은 뿌듯해할 것이다. 이곳에 머무는 동안 정체되지 않고 성장한다는 생각을 갖게 조직문화를 이끄는 회사가 지속 발전한다.

04

행복한 직장 만들기

행복한 나라의 비결

2019년 일본 오사카 배낭여행을 갔다. 무거운 짐 없이 3박 4일 일정으로 가볍게 떠나 오사카 근처의 식당, 오사카 성, 주변 온천을 즐겼다. 숙소는 오사카 시내에서 20분 정도 떨어진 곳으로 했다. 지하철을 타고 오사카 시내를 돌아보며 3가지를 느낄 수 있었다.

첫째는 거리가 매우 깨끗했다. 지하철에서 내려 10분 정도 걸어가는 숙소까지 쓰레기를 볼 수가 없었다. 온천 안의 청결은 동네 목욕탕과 비교가 되지 않았다. 흔히 지하철 주변은 더러운 곳이 많은데 흔한 담배 한 개비도 없었다. 둘째는 사람들이 매우 친절했다. 신고 간 운동화를 못 신게 되어 거리에서 신발가게를 찾는데, 가게까지 직접 안내해 준다. 지하철과 방향을 물어보면 시민들 모두 쉬운 일본어로 설명하고, 방향이 다르면 직접 안내해 준 분들이 많았다. 식당의 친절에는 진정성이 느껴졌다. 셋째는 남에게 피해를 주지 않으려는 생각과 행동이다. 깨끗함과 친절도 이 가치의 영향일 것이라는 생각이 들었다. 한 명도 이야기하지

어서와~ 조직문화는 처음이지?

않았지만, 좁은 길의 식당에서, 지하철을 타고 내릴 때, 거리에서 사람과 차량 모든 곳에서 조심하고 배려하는 모습을 살필 수 있었다.

파이낸셜 뉴스를 보니, 2022년 156개국 행복지수 1위는 핀란드이다. 핀란드인들이 반드시 지키는 3가지가 있다고 한다.

첫째, 남과 비교하지 않기다. 상대와 비교하기보다는 자신만의 기준을 정해 그것을 즐기는 것이다.

둘째, 자연과 함께하기이다. 자연 속에서 마음의 안정을 찾는 것이다. 공원을 산책하거나 가정에서 화초를 키우면서 안락함을 느낀다.

셋째, 지역의 신뢰 지키기다. 핀란드 시민들은 서로를 신뢰하고 정직함을 중시하고 실천한다.

두 나라의 공통점이 있다면 더불어 살아가는 사람에 대한 애정과 신뢰가 사회 문화화되어 있다는 점이다. 친절하고 피해를 주지 않으려는 마음과 남과 비교하지 않되 신뢰를 지키는 마음이 그 안에 생활하는 사람들을 행복하게 하는 원인이 아닐까?

행복한 직장을 만들려면 어떻게 해야 하는가?

사실 행복은 자신이 느끼는 안정, 평안, 즐거움, 만족스러운 마음의 상태이다. 내가 불편하고 아프며, 힘들고 짜증 나면 행복할 수 없다. 스트레스 역시 자신이 느끼는 마음의 상태이다. 내가 어떤 상태인가에 따라 주변은 전혀 행복하지 않은데 행복할 수도 있고, 반대의 경우도 있다. 사람들은 자신이 속한 조직, 하는 일, 만나는 사람에 대해 100% 만족하지 못한다. 다른 조직, 다른 일, 만나지 않은 남이 더 좋아 보이기도 한다. 예전에 우리나라에서 똑똑한 사람들을 모아 놓은 회사에서 근무한 적이 있다. 최고의 직장, 영향력 있는 중요한 일을 하지만, 불만이 많다.

어떤 회사가 행복할까?

- 내 것과 자신이 속한 조직의 이익보다는 전체의 이익을 위해 모두가 노력한다.
- 자신은 조금은 힘들고 어렵지만, 주변 사람이 즐겁고 편안하면 기꺼이 희생할 줄 안다.
- 뒤에 사용할 사람이 편안하게 사용하도록 배려한다.
- 아침 인사부터 상대의 눈을 보며 밝게 던지는 영혼 있는 인사를 나눈다.
- 주변에 쓰레기 또는 위험한 물건이 있으면 먼저 치운다.
- 힘들고 피곤할 때 커피 한 잔 타서 조용히 가져다주는 동료들.
- 정체되면 안 된다며 자신의 시간을 내어 지식과 경험을 나누는 상사와 선배.
- 사소한 일을 했을 뿐인데 고맙다고 인사하며, 인정하고 칭찬이

많은 조직 분위기.
· 조직과 구성원이 해야 할 일을 알고, 자신의 역할을 다하며, 주변을
  항상 살피는 태도.
· 일은 혼자 하는 것이 아니라며 소통과 협업을 강조하고 솔선수범하는
  임직원들.
· 방향을 제시하고, 모르는 것을 깨닫게 하며, 일에 자부심을 느끼게
  해 주는 조직.
· 자신의 의견을 존중하고, 실패를 두려워하지 말고 도전하라는 문화.
· 사무실에서 크게 웃을 일이 많고, 출근하면 자신이 살아있음을
  느끼게 해 주는 회사.
· 경쟁이 아닌 화합과 협업을 이끄는 제도와 문화 등.

이루 말할 수 없는 행복한 직장생활을 하게 하는 비결이 있다.

하지만, 많은 직장인이 직장생활을 힘들어한다. 높은 스트레스로 몸이 상하기도 하고, 병에 걸리거나 퇴직을 하기도 한다. "나는 이 회사에 다니는 것이 행복하다", "이 일을 하고 있는 내가 자랑스럽다", "내 후배와 동생에게 이 회사에 반드시 입사하도록 권하겠다"라는 임직원은 생각보다 많지 않다. 왜 그럴까? 상사와 선배 등 인간관계, 연봉과 복리후생 조건, 근무 환경, 일의 수준과 양, 일하는 스타일, 조직문화, 회사의 위치 등 많은 이유가 있을 것이다. 중요한 것은 안 되는 이유나 핑계가 아니라, 행복을 만드는 방법과 실행이다.

가장 먼저, 행복한 직장을 만들기 위한 우리만의 원칙을 만들면 어떨까?

핀란드의 3가지 원칙처럼 우리 임직원이 행복하기 위해 우리만의 행동 원칙을 만들어 내재화하고 실천하게 하는 것이다. 있어야 할 곳에 있고, 해야 할 것을 하고 있다는 믿음이 있어야 한다. 누가 중요한 물건을 놓고 가거나 잊었을 때, 가져가지 않고 되돌려 줄 것이라는 믿음이 있을 때 행복은 시작되지 않을까?

혼자 해서는 절대 불가능하다. 함께해야 한다. 사장 혼자 방향을 제시하고, 결정을 내리고, 실천하라고 독려해도 밑에서 움직이지 않으면 성과는 없다. 결국 망할 뿐이다. 행동 원칙을 정했으면 전체가 실천해야 한다. 혼자 하는 것은 쉽다. 하지만, 사람의 마음을 움직여 함께하는 것은 지속적인 노력 없이는 불가능하다. 경영층, 추진 조직, 현장 관리자의 체계적이고 지속적인 노력이 필요하다.

행복한 직장생활의 수많은 비결에 대해 교수, 전문가들이 강조하고 있다. 모두 행복한 직장생활을 어떻게 만들어야 하는지는 알고 있다. 중요한 것은 실행이다. 한 정원사가 아름다운 정원을 가꾸는 비결을 이야기한다. "매일 두 번 규칙적으로 잔디를 깎고, 매일 세 번 같은 시간에 물을 주면 된다." 결국, 비결은 지속적인 실천이다.

05

무엇이 나를
가슴 뛰게 하는가?

살아오면서 가슴 뛰게 한 일은 언제, 무엇인가?

특별히 가슴 뛰게 한 일은 없었다고 이야기하는 사람들이 많다. 어릴 적 추억 중 하나를 선택해 보라고 해도, 고개를 절레절레 흔든다. 추운 날 친구들과 연을 날리거나, 얼음 위에서 썰매 타고, 딱지치기와 구슬치기를 하며 놀던 순간이 가슴을 뛰게 하는 즐거움이었다. 성장하면서 아내를 만나 손을 잡을 때의 긴장감이 가슴을 뛰게 하였다. 군대를 전역하고 원하는 회사에 입사하게 된 일도 30년이 훨씬 지난 지금까지 생생하게 기억되는 큰 기쁨의 순간이다. 아이가 태어나 나를 보며 웃어주고, "아빠, 아빠" 하며 안아 달라고 할 때 기뻤다. 직장에서의 첫 승진, 내가 아이디어를 낸 제품의 개발, 혼신의 힘을 다한 프로젝트의 성공 등이 가슴을 뛰게 한다. 좋은 상사와 선배를 만나 일하는 방식을 배우고, 좋은 관계를 맺어가는 방법을 터득하며, 현재도 중요하지만 길고 멀리 보며 살아야 한다는 지혜를 얻은 것은 살면서 큰 힘이 된다. 이제는 내가 아닌 자식이 원하는 것을 성취해 가는 모습에서 가슴이

CHAPTER 1. 왜 조직문화인가?   37

뛴다. 자식이 원하는 대학, 기업, 사랑하는 사람과의 만남, 해외 저널에 기고하는 등의 학문적 성취를 바라볼 때, 내가 잘되는 것보다 더 큰 기쁨을 느낀다.

돌아보면, 가슴 뛰는 일들이 많았다. 하지만, 문명의 이기가 더 발달하고, 먹고사는 데 큰 어려움이 없는 지금, 젊은이들은 가슴 뛰는 일들이 없다고 한다. 행복의 눈높이가 너무 높아서 그런가?

직장인 대상으로 다음 10가지 질문에 대해 5점 척도로 체크해 보라고 했다.

① 나는 회사와 직무에 대한 자부심이 강하다.
② 나는 이 회사에 근무하는 것이 자랑스럽다.
③ 나는 지금 이 회사에서 정년퇴직한다면 기쁠 것이다.
④ 나는 회사의 현재와 미래 이슈가 나의 이슈라고 생각한다.
⑤ 나는 지인들과 친구들에게 나의 회사는 일하기 좋은 회사라고 이야기한다.
⑥ 나는 내가 하는 업무가 회사의 미션이나 비전 달성에 도움이 된다고 생각한다.
⑦ 나는 회사의 미래가 밝다고 생각한다.
⑧ 나는 회사가 나에게 기대하는 바를 알고 있다.
⑨ 나는 이 회사에서 정체되지 않고 성장하고 있다.
⑩ 나는 회사의 성장과 발전을 위해 감사하는 마음으로 자발적이고 주도적으로 노력하고 있다.

5점 척도 중 4(그렇다), 5(매우 그렇다)에 체크한 숫자가 몇 개인가 살펴보자. 적어도 8개 이상이면 지금 가슴 뛰는 직장생활을 하고 있는 중이다.

가슴 뛰는 일을 만들고 느끼는 사람은 그 누구도 아닌 바로 자신이다. 누군가 나에게 좋은 환경을 만들어 줄 수는 있지만, 그것을 즐기며 만족하게 해 줄 수는 없다.

아무리 안 좋은 환경에서도 기뻐하며 즐기는 사람이 있고, 더할 나위 없이 좋은 환경에서도 슬퍼하며 괴로워하는 사람이 있다. 자신의 미션과 비전, 그리고 삶을 살아가는 원칙이 분명한 사람은 주어진 환경을 탓하지 않는다. 오히려 그 환경에서 기쁨을 찾고 추억 만들기를 하는 사람들은 지금 다니는 회사, 하고 있는 일에 감사하며 성과를 내고 있다. 이들은 일의 가치와 의미를 알고 그 일을 하면서 가슴 뛰며 행복해한다. 아침에 일어나 갈 곳 있고, 할 일 있으며, 만날 사람이 있다는 것은 감사할 일이며 큰 행복이다. 우리가 상상하는 조직문화는 출근이 기다려지며, 가슴 뛰게 하는 회사와 직무, 그리고 함께하는 사람들에서 비롯되지 않을까?

06

무엇이 팀원을
머물게 하는가?

퇴직 면담

A사원이 어두운 표정을 지으며 할 말이 있다고 한다. 말하라고 하니 회의실에서 면담을 요청한다. 불안한 마음으로 회의실로 갔다. 역시 퇴직하겠다고 한다. 이유는 자기계발을 위해 공부를 더 하겠다는 것이다. 다른 회사로 가는 것이냐 물으니 아니라고 한다. 팀원이 퇴직하는 것을 좋아하는 팀장은 없다.

여러 복잡한 생각이 든다. 함께 생활한 기간 동안 잘해준 것보다 뭔가 힘들게 했거나 실망한 부분이 더 떠오른다. 혹시 근무하면서 부족했던 점이나 힘들었던 점이 있으면 말해달라고 요청했다. A사원은 없다고 한다. 언제까지 근무할 수 있느냐고 하니, 가능하면 빨리 퇴직하면 좋겠다고 한다. 회사의 규정은 한 달 전 공지이다. 팀장은 인사 팀에 요청해 후임자를 빨리 선정하겠다고 했다. 인수인계를 하고 퇴직하면 좋겠다고 하며, 마지막까지 변함없이 일해주길 부탁했다.

'대 퇴직 시대'라고 한다. 퇴직하는 직원 입장에서는 여러 사유가 있다. 1980년대 이전의 직장생활은 거의 평생직장이었다. 퇴직한다는 것은 정년퇴직과 회사의 일방적 해고 통지가 대부분이었다. 중간에 스스로 다른 회사로 이직하는 것은 쉽지 않았다. 정보를 얻기도 어려웠고, 받아 주는 회사나 떠나는 회사 모두 부정적 시각이 강했다. '문제가 있어 오죽하면 퇴직했을까?' 하는 분위기였다.

시대가 바뀌어 '한 직장에서 5년 이상 근무하면 자신의 가치가 떨어진다. 퇴직을 통해 자신의 가치를 올려야 한다'라고 한다. 5년 정도 일하면 더 이상 배울 것도 없고, 그 회사 문화에 젖어 매너리즘에 빠지게 된다고 한다. 이 상태가 되면 연봉은 정해진 임금 인상률 수준이다. 하는 일도 익숙해져 더 이상 성장 가능성이 없고, 선배들의 모습을 보면 목표와 열정도 없다. 연봉의 획기적 상승은 기대할 수 없고, 주변에서 역량 있고 성과가 높았던 선배와 동기들이 좋은 회사, 높은 연봉으로 옮겼다는 이야기가 들린다. '나도 기회가 된다면 이직하겠다'라는 생각이 강해진다.

왜 이직을 하는가?

이직하는 직원에게 이직 사유를 물으면 구체적으로 답변하지 않는다. 퇴직하는 마당에 남은 조직과 직원들에게 나쁜 영향을 주고 싶지 않기도 하지만, 굳이 자신이 부정적 이야기를 하고 싶지도 않다. 그냥 "회사, 상사와 선배, 여러 복지 등 제도, 회사 환경과 분위기 등 다 좋았지만, 다른 것을 하고 싶어 퇴직을 결심했다"라는 수준으로 말한다. 하지만 퇴직 후, 블라인드 또는 제3자에게 말하는 퇴직 사유는 보다 구체적이다.

이직하는 직원들의 구체적 사유는 무엇일까?

첫째, 일 그 자체이다. 입사 1~2년 차 사원의 경우에는 자신이 생각한 일의 가치와 하고 있는 일의 가치 차이가 크기 때문에 실망해서 이직을 결정하는 경우가 있다. 학교에서 생각한 일은 무엇인가 큰 프로젝트를 맡아 도전하며 성취하는 수준의 일이었는데, 막상 하고 있는 일의 가치는 일상적이고 반복되는 낮은 수준이다. '이런 일을 하려고 대학을 졸업했나?' 하는 생각이 든다.

다른 하나는 일에 치이는 경우이다. 소위 말하는 워라밸이다. 해야 할 일이 많아 매일 야근하고, 주말에도 출근해야 하는데, 주 52시간 근무 규정 때문에 무슨 죄지은 사람처럼 눈치까지 봐야 한다. 집에서는 아이들이 함께 놀아달라고 하는데, 일은 계속 쌓여만 간다.

둘째, 성장이다. 입사 전 꿈꿨던 모습과 목표는 하고 싶은 일에 있어서 전문가이다. 자신이 하는 일에 대한 근본 원인을 파악하여 개선하고, 강의하고, 진단과 컨설팅을 할 수 있는 수준으로 도전하고 싶었다. 하지만, 하고 있는 일의 수준은 너무나 차이가 크다. 더 이상 배울 것도 없고, 상사와 선배를 보면 '언제 책을 읽고, 외부 전문가들을 만났나?' 싶어 한심해 보인다. '이곳에 있다가는 큰일 나겠다'라는 생각이 든다. 팀장에게 야간 대학원 가겠다고 하니, "거기 나와서 뭐 하려고?"라는 반응이다.

셋째, 연봉과 복리후생이다. 사람은 항상 자신보다 나은 사람과 비교한다. 대학 동기들이 받는 연봉과 복리후생, 자신보다 좋은 회사를 기준으로 자신의 연봉과 복리후생을 비교한다. 자신의 역량은 높은 데 비해, 회사의 연봉과 복리후생 수준이 낮다고 생각한다. 각종 이직 관련 정보를 보면, 내 역량이라면 연봉과 복리후생이 좋은 회사로 옮길 수 있다는 생각이 든다. 이직 정보를 검색하면 지원할 수 있는 방법도 너무 많고 쉽다. 결국 연봉과 복리후생이 좋은 회사에 지원하게 된다.

넷째, 조직문화이다. 상명하복, 획일적이고 지시 일변도, 함께 일하는 상사와 선배에게 배울 점도 없고 목표 없이 살아가는 모습에서 실망, 근무시간에 말 한마디 할 수 없는 냉랭하고 조용한 분위기, 생일인데 축하해 주는 이 없고 혼자 밥 먹기 싫어 앉아 있어도 밥 먹으러 가자는 사람이 없는 무관심 등이다.

기타 회사의 성장 가능성과 위치, 인간관계, 업무 프로세스 등 여러 요인이 있다. 어느 직장이나 불만 요인이 있고 이직 사유가 많다. 중요한 점은 직원들이 목표와 열정으로 성과를 내고, 회사가 지속 성장하도록 어떻게 해야 하는가이다.

팀원을 머물게 하는 방안

"왜 이 직장에서 근무하느냐?" 물으면 무엇이라고 대답할 것인가? 모르긴 해도 퇴직 원인이 곧 머무는 이유일 것이다. 일하는 것이 즐겁다, 일에 대한 자부심과 성장한다는 것을 느끼게 한다, 회사의 연봉이나 복리후생이 좋다, 상사가 인간적이고 높은 전문성을 바탕으로 배울 점이 많다, 선배와 동료들이 마음이 따뜻하고 편안하다, 회사가 직원을 위해 준다는 생각이 든다 등등 이런 퇴직 사유가 머무는 이유이다.

어떻게 장기 근무를 하며 성과를 내도록 할 것인가?

첫째, 가장 중요한 것은 회사의 지속 성장이다. 회사가 중장기 비전을 갖고, 성장과 이익을 내는 사업구조와 전략이 명확해야 한다. 성장하고 있고, 성장 가능성이 높은 튼튼한 회사가 1순위 아닐까? CEO와 경영진의 역량이다.

둘째, 조직장의 리더십이다. 조직장이 자신이 해야 할 역할을 분명히 알고 조직과 직원을 성장시키는 데 있다. 좋은 조직장도 좋지만, 조직과 직원을 성장시키는 조직장이 되어야 한다. 개개인에게 관심을 갖고, 그들이 추구하는 목표에 직간접적인 도움을 주는 것이다. 도전 과제를 부여하고 점검과 피드백으로 달성하게 하고 성취감을 심어주며 자부심을 느끼게 한다. 더 높은 도전을 하고 일을 통해 배우게 한다. 관계 관리의 중요성을 알고 실천하게 하는 조직장이 되어야 한다.

셋째, 회사의 제도와 인프라이다. 일의 생산성을 높이기 위해서는 열정만으로는 한계가 있다. 머무는 곳에서의 편안함과 직원들을 위하고 있다는 안정감이 토대가 되어야 한다. 회사의 근무 환경, 제도와 인프라가 직원들에게 만족과 자부심을 느끼게 해야 한다. 국내외 출장을 가는데, 일당은 없고, 식사는 매끼 1만 원 내에서 반드시 증빙 자료가 있어야 하며, 교통비는 대중교통만 가능하다면 누가 출장을 가려고 하겠는가? 회사를 위한 복리후생이 아닌 진정 직원을 위한 복리후생이 되어야 한다. 조직과 구성원 모두가 이기는 조직문화, 성공 DNA가 있고 제도화되어 계승되어야 한다.

넷째, 열린 소통이다. 심리적 안정감이 중요하다. 회사 생활을 하면서, 규정에 어긋나지 않는 자신이 한 언행으로 피해를 보면 곤란하다. 회의 시, 좋은 아이디어를 냈다고 당장 하라는 지시가 떨어지고, 개선 의견을 냈는데 상사와 생각이 다르다고 질책을 받는다면 누가 이야기를 하겠는가? 회사 내 열린 소통이 이루어져야 한다.

07

어떻게 하면
재미있게 일을 하게 할까?

CEO의 고민

중소기업 인사 컨설팅이나 자문을 하면서 CEO를 만나면 3가지를 고민한다.

① 조직 분위기가 너무 가라앉아 있어 음악을 틀어주는데도 활성화가 안 된다.

② 회사의 성장이 자신의 성장이라는 생각이 적다.

③ 일할 만하면 퇴직한다.

평가제도 설계하러 갔는데, 조직문화에 대한 이야기를 더 많이 한다.

사실, 중소기업의 CEO는 대부분 오너이며, 사업이 자신의 전부이다. 회사가 성장하는 데 온 관심이 있고, 매출과 이익이 되는 일이라면 힘들고 어려운 것도 개의치 않는다. 이런 CEO가 가장 고민하는 것은 바로 직원이다. 전문성과 인성을 갖춘 핵심 인재는 기대하지 않는다. 자신이 맡은 일에 최선을 다하는 성실한 직원을 기대하지만, 젊은 직원들은 조금만 더 연봉을 올려 주거나 회사 위치가 서울이라면 퇴직해 버린다. 팀장이나 임원들은 자신이 담당하는 일을 하느라 조직과 직원 관리가 되지 않는다. CEO는 회사 내에 주도적으로 악착같이 일하는 직원이 없다고 생각한다. 믿고 맡길 사람이 없으니 매일 가장 빨리 출근하고, 가장 늦게 퇴근한다. 회사가 성장해야 하는데 유지하는 것도 버겁다는 생각을 한다. 업무 시간의 사무실은 무슨 절과 같이 조용하고, 직원들의 표정에는 웃음이 없다.

CEO가 묻는다. "어떻게 하면 즐겁고 신바람 나게 일하게 할 수 있을까요?"

재미있게 일하게 하는 10가지 방법

직원 입장에서는 자신을 인정하고 자율적으로 일하게 하면 신이 난다. 사실 연봉과 일하는 환경 모두 중요하다. 일 그 자체에서 느끼는 자부심과 성취감이 더 큰 즐거움을 이끈다. 자신이 정체되지 않고 성장한다는 생각이 있기에, 도전하고 싶은 과제를 실행한다. 중간에 어렵고 힘든 일이 있어도 몰입하게 되고, 야근하지 말라고 해도 밤샘을 한다.

다소 원론 같은 말이지만, **직원들이 재미있게 일하게 하는 10가지 방법**을 CEO에게 설명했다.

① 직원 행복이 고객 감동보다 우선이다.

많은 회사의 핵심 가치 중에 '직원 행복'이 많이 포함되어 있다. 하지만, 직원 행복을 위한 제도와 구체적 지원책은 생각보다 없고, 말로만 직원 행복을 강조하는 것 아닌가? 직원 행복 진단과 원하는 지원책을 파악하여 직원들이 만족하게 해야 한다. 자신이 원하는 것이 이루어지지 않는데, 높은 목표를 세우고 열정을 다할 직원이 과연 몇 명이나 되겠는가?

② 회사, 조직의 비전과 그라운드 룰을 만들어 한 방향 정렬을 가져가라.

모두가 열심히 일하는데 방향성이 없으면 성과는 창출될 수 없고, 힘들기만 하다. 회사의 미션, 비전, 핵심 가치, 전략과 중점 과제가 있어야 한다. 이와 연계하여, 현업 조직별 비전과 그라운드 룰을 만들어 한 방향 정렬을 하도록 해야 한다. 비전이나 그라운드 룰과 관련된 구호를 만들어 전원이 외치면 더 효과적이다.

③ 전 임직원에게 칭찬과 감사 노트를 지급하고, 하루 3번 이상 칭찬과 감사를 적게 하라.

칭찬은 고래도 춤추게 한다고 한다. 굳이 칭찬과 감사 노트를 지급하라는 것은 지속성을 위해서이다. 대부분 이런 일은 작심삼일로 끝날 가능성이 크다. 누군가에게 칭찬과 감사는 활력이 되고, 삶의 전환점이 되기도 한다. 무엇보다 칭찬과 감사하는 자신이 변하게 된다.

④ 항상 후공정을 생각하게 하라.

회사의 문화는 정문 들어가면서부터 화장실에 가 보면 대략 알 수 있다. 후공정을 배려하는 회사는 밝고 깨끗하다.

⑤ 회사의 재무제표, 경영 현황과 전략, 인사 정보를 공개하라.

임직원이 회사의 전략, 재무, 제품과 서비스의 밸류 체인 정보를 알면 전사적 차원의 결정뿐 아니라 경쟁사와의 비교 및 로열티를 강화하는 계기가 된다. 임직원이 언론이나 외부 지인을 통해 자신의 회사에 대해 알게 되는 것, 어떻게 생각하는가?

⑥ 직책자를 매우 엄격하게 선발하고, 발령 후에는 권한을 주고 믿고 맡겨라.

직원들이 도전하게 하고 성장하는 가장 큰 요인은 바로 상사이다. 조직장을 선발할 때 높은 수준의 기준을 적용하고 엄격하게 검증해야 한다. 힘든 과정을 극복한 조직장이 실력이 뛰어나다. 이들에게 권한을 주어, 조직과 직원을 제대로 이끌도록 해야 한다. 믿고 맡겨야지, 결코 CEO 혼자 모든 것을 해결할 수는 없다.

⑦ **인성을 중시한 채용을 실시하고, 3개월 안에 조기 전력화하라.**

수시 채용으로 일반화되면서 더욱 직무 중심의 경험과 태도를 중요하게 보게 되었다. 이는 하나의 트렌드이고, 사실 바로 일할 수 있는 사람을 선호하는 입장이기에 직무 전문성을 보는 것에 이견은 없다. 하지만, 회사 생활과 일을 장기적으로 본다면 직무 역량도 중요하지만, 인성이 더 중요하다. 채용과 수습 단계에서 인성을 보고, 회사와 맞지 않는 사람은 걸러내야 한다.

⑧ **핵심 가치 기반의 성공과 실패 사례를 매주 공유하고, 실천인을 선발해라.**

직원들에게 '나도 할 수 있다'는 자신감을 심어주는 것은 매우 중요하다. 이를 내재화하고 실천하도록 만드는 가장 효과적인 방법은 핵심 가치와 관련된 사례를 공유하고, 실천인을 선정하여 '소영웅 만들기'를 실천하는 것이다.

⑨ **일의 의미를 강조하고, 시장 가치를 높여주는 문화를 만들어라.**

사람은 시켜서 하는 일보다는 자신이 기획하여 실행하는 일에 더 열중한다. 일하는 방법을 알려주는 것도 중요하지만, 일의 의미를 알려주는 것이 선행 단계이며 보다 중요하다. 직원들은 일의 의미를 알고, 일을 통해 자신이 성장한다고 느낄 때, 이직한다는 생각을 하지 않는다.

⑩ 지역 사회에 공헌할 수 있는 동호회를 만들어 적극 지원하라.

내가 가진 지식이나 경험, 육체적 노력을 남을 위해 사용했을 때 더 보람이 있다. 받던 사람에서 주는 사람이 되는 기쁨이다. 더불어 살아가는 세상에서 나눔의 실천은 직원들을 가치 있는 사람으로 힘 솟게 한다.

사람은 자신이 좋아하는 일을 할 때 더 열중하게 된다. 또한, 자신을 믿어주며 동기부여 하는 상사가 있으면 도전하게 된다. 조직장이라면, 직원의 잠재 역량까지 파악하여 가장 잘할 수 있는 도전적인 일과 프로젝트를 부여할 줄 알아야 한다. 최고의 성과를 창출할 수 있도록 점검하고 피드백해 주어야 한다. 결국, 조직과 임직원의 역량 강화가 회사의 조직문화를 이끌고, 고부가가치 창출과 지속 성장을 이어간다. 회사의 성장이 직원의 성장으로 이어지고, 직원이 행복할 때 회사가 성장한다.

08
기본은
지켜져야 한다

어린아이가 무엇을 배우겠는가?

주변에서 얼굴 붉히게 하는 일들을 경험한다.

· 무거운 몸을 이끌고 어렵게 지하철을 탔는데, 임산부 좌석에 남성이 앉아 눈을 감고 있다.
· 식당이나 공공장소에서 순서를 기다리는데 40~50대로 보이는 여성이 새치기를 한다.
· 앞에 가던 사람이 길에 쓰레기를 버린다.
· 내리막길에서 위에서 빠르게 타고 내려오는 자전거.
· 교통량이 적은 동네의 골목길, 모두가 신호등을 기다리는데 그냥 건너는 사람들.
· 뒤에 사람이 오거나 있는 것을 알면서도 문을 열고 그냥 놓아버리는 사람.
· 엘리베이터에 가장 늦게 탔는데 정원 초과임에도 내리지 않는 사람.
· 거리에 쓰러져 고통받고 있는 사람을 못 본 척 지나치는 사람들.

수많은 불편한 현실에 마주쳤을 때, 어떻게 하는가?

어린 시절, 시골에서 학교 다닐 때는 동네 어르신이 지나가면 전부 인사를 했다. 자전거를 타고 가던 형이나 삼촌들은 다 내려서 인사하고 출발했다. 지금은 동네 어르신이 누구인지도 모른다. 하긴 아파트 같은 동의 주민도 모르고, 엘리베이터를 함께 탔는데 인사하는 사람도 없다. 시대와 상황이 바뀌었다는 것은 알고 있다. 40년 전과 비교하면 더 풍요로워졌지만, 아쉬운 점은 기본을 지키고 예의를 아는 마음과 행동이 줄어든 것이다. '나만 편하면 된다'라는 생각이 가득한 사회에서 태어나 자라는 아이들이 무엇을 배우며, 생각하고, 행할지 걱정된다.

불편한 현실에서 어떤 결정을 하는가?

경영학에서는 상황에 따른 결정을 이야기하곤 한다. A가 아니면 B의 논리보다는 상황에 따라 적절한 의사결정을 하는 것이다. 예를 들어, 업적 평가와 역량 평가를 실시하는 회사에서 업적과 역량의 비율을 어떻게 정하는 것이 옳은가에 대한 논의가 있었다. 회사는 성과 중심이기 때문에 역량보다는 업적의 비중이 높아야 한다는 주장, 업적과 역량은 모두 중요하니까 반반으로 해야 한다는 주장도 있었다. 결론은 '대상자에 따라 다르다'였다. '임원은 성과로 평가받는 직책이므로 업적 10 : 역량 0이 맞다. 역량이 안되면 임원이 되어서는 안 된다'가 압도적이었다. '팀장은 업적과 역량이 8:2' 수준, '팀원은 직급 단계에 따라 업적과 역량 비율이 다르지만, 업적이 더 높아야 한다'가 지배적이었다.

살면서 불편한 현실 사례도 상황 판단을 해야 하지 않을까 생각한다. 식당이나 공공장소의 새치기, 뒤차의 추월 등은 그냥 양보한다. 길에 버려진 쓰레기나 강아지 배설물 같은 것은 기회가 되면 직접 치운다. 조금 불편하지만, 문제가 발생하지 않는 상황에서는 즐거운 마음으로 양보한다. 하지만, 갈등이 발생할 소지가 있는 상황에서는 소극적으로 행동하는 자신을 보게 된다. 공공장소에서 다투고 있는 젊은이, 버스나 지하철에서 소란 피우는 취객, 어른다운 행동을 하지 못하는 사람들을 마주쳤을 때, 적극 대처하지 못하고 피하게 된다.

여러 이유가 있다.

내가 적극 개입했을 때, 나에게 피해가 없고 행한 사람들이 죄송한 마음으로 행동하지 않는다는 믿음이 준다면, 다들 적극 개입할 것이다. 선순환이 일어나, 부적절한 행동을 하는 사람들은 타인에게 피해를 주는 것이 부끄러워 이런 행동을 하지 않을 것이다. 보이지 않는 사회의 가치이며 문화로 자리 잡을 수도 있을 것이다.

하지만, 문제가 발생했을 때, 모든 피해를 본인이 감수해야만 한다면 어떻게 될까? 조직이나 사회가 불의에 맞선 사람들을 인정하기보다는 어리석다고 하거나, 피해 발생에 따른 부담이나 책임을 지게 한다. 주제넘게 왜 그런 행동을 했냐는 비난을 한다.

이런 조직이나 사회에 용기와 도덕이 자리 잡을 수 있을까?

어른이 되어 학생 또는 젊은이들이 잘못하면 불러서 잘못한 것을 이야기하고, 다시는 하지 않도록 타이르는 것이 옳다고 배웠다. 하지만, 막상 어른이 되고 보니 복잡한 도로에서 민망하게 입고 다니는 젊은이, 넓은 도로에서 싸우는 학생, 심한 경우 술에 취해 거리에 쓰러진 사람을 깨우는 일조차 쉽지 않다. 모두가 무시하거나 피해버리면 큰 문제라는 것도 알지만, 갈수록 비겁해지는 자신을 보게 된다.

나 혼자만의 문제인가? 올바른 정의와 기본을 강조하고, 행하게 하는 것은 어디에서도 불가능한가? 나부터 변하라고 배웠는데, 리더의 솔선수범을 기대하는 것은 무리인가?

더불어 살아가는 세상이다. 우리나라 회사의 직장인은 못 배운 사람도 없고, 국민의 성숙도가 낮은 나라도 아니다. 보다 더 편안하고 행복한 조직과 사회를 위해 기본은 지켜지며, 성숙한 문화를 스스로 만들어가며 이끌어야 하지 않겠는가?

09
워라밸도 중요하지만, 일에 대한 철학이 우선이다

긴장이 없는 개인은 비전과 성장도 없다

A팀장이 고개를 숙이며 부탁할 사항이 있다고 한다. 평소 내성적이지만 팀장으로서 방향을 제시하고 팀원들을 한 명 한 명 이끌기로 소문난 A팀장이었기에, 약간 긴장한 모습으로 자리를 권했다. 신입사원 B와 관련된 일이었다. 몇 번 같은 잘못을 지적해도 개선이 되지 않고, 조금만 싫은 소리를 하면 표정이 달라지며 말을 하지 않으니, 면담을 해줬으면 하는 요청이었다.

구체적인 사항을 듣고, B사원을 부르기 전에 같은 팀의 멘토를 불렀다. 3년 선배인 김 대리는 말이나 행동이 활기차며, 지시에 의해 일하기보다는 주도적으로 아이디어를 내고 그 아이디어를 중심으로 일을 추진하는 우수 사원이었다. B사원과의 5개월 멘토링에 대한 김 대리의 한마디는, 일하러 온 것이 아닌 직장을 보고 온 것 같다고 한다. 자신은 가치가 높고 귀한 존재인데 이 직장에서 자신이 근무하는 것도 영광이며, 일보다는 자신이 하고 싶은

어서와~ 조직문화는 처음이지?

것에 우선순위를 둔다고 한다. 솔직히 자신도 멘토링을 하지 않은
지 몇 달 되었고, 지금은 무슨 일을 하는지 모르겠다고 한다.

B사원을 불렀다. 직장으로서 이 회사는 마음에 들지만, 지금
하고 있는 일은 자신이 원하는 일이 아니라고 한다. 자신은 전략
이나 신규 사업과 같은 일을 해야 하는데, 이 부서에 와서 자신의
재능을 허비하고 있다고 한다. 원하는 일과 일을 통해 실현하고
싶은 가치를 물었으나, 대답 대신 전략 부서로 옮겨 달라고 한다. 이
회사가 아닌 다른 회사에서 찾아보면 어떻겠냐고 하니, 그냥 나가
서 3일 동안 핸드폰을 끄고 연락이 닿지 않게 한 뒤, 출근해서는
죄송하다고 한다. 어떻게 하겠는가?

큰 상점의 주인이 직원 한 명에게 장대비가 쏟아지는 오후, 시
장에 나가보라고 말했다. 한참 후 이 직원은 한 노인과 함께 수레
에 엄청난 양의 감자를 싣고 왔다. 시장에는 비가 많이 와서 물건
을 사고파는 사람이 없었는데, 처마 밑에서 이 어르신이 감자를
팔고 있어 보니 감자가 실하고 가격도 싸서 전부 가져왔다고 한
다. 상점에는 큰 창고가 많으니 보관해 두었다가, 비가 그친 후
팔면 큰 이익이 될 것이라 생각했다는 것이다.

자신이 하고 있는 일을 어떤 마음가짐으로 어떻게 행하고 있는
가에 따라, 그 일은 재미있고 의미가 있으며 스스로 성장하게 이끈
다. 일이 싫고 귀찮고 힘들다고 생각하면, 그 일은 무거운 짐으로

다가와 어느 순간 어쩔 수 없이 먹고살기 위한 수단이 되어 있다. 반면, 자부심을 갖고 최고의 전문가를 꿈꾸며 하나하나 즐겁게 배워 나가다 보면, 자신이 하는 일이 회사 이익의 근원이 되고, 어느 순간 하는 일을 가르치고 컨설팅하는 수준으로 성장하게 된다.

최근 유행하는 워라밸에 대한 우려

신입사원이 수행하는 일의 양과 질을 20년 차 부장의 일과 동일한 수준으로 평가해서는 안 된다. 한 사람의 라이프 사이클을 보면, 20대 말에서 30대 초반의 신입사원 시절에는 직장과 직업에서 조기 전력화하고 배울 때이다. 직무 단계상 1단계 또는 기초 수준이기 때문에 질보다는 양적으로 많은 일들을 경험하여 폭넓은 지식과 경험을 쌓을 때이다. 그러나 직장에서 10년 정도 근무한 과장급 레벨은 한 직무의 전문가가 되어 있어야 한다. 입사하여 동일한 직무를 수행했다면 그 직무에 대한 개선, 매뉴얼 작성, 사내 강사 역할을 수행해야 한다. 20년 차라면 모르는 조직에 가서 진단을 실시하고 컨설팅을 하며, 국내외 동일 직무의 전문가들과 논쟁할 수준이 되어야 한다. 신입사원의 일의 질은 20년 넘은 부장의 일의 질과 다르기 때문에 동등한 평가는 곤란하다. 차별을 인정해야만 한다. Work & life balance 역시 회사가 놓인 상황, 전 구성원의 지식과 경험 수준, 회사와 구성원의 성숙도에 따라 달라져야 한다. 양적 개념이 아닌 질적 개념에서 워라밸을 평가해야만 한다. 워라밸이 작업 환경 개선과 열린 공간, 유연 근무와 일을 편하게 하는 측면만 강조되어서는 안 된다. 생각과 일하는 방식의 전환을 통해 성과를 창출할 수 있도록 워라밸의 질적 변화가 더욱 중요하다. 모두에게 열린 아늑하고 편하며 좋은 분위기 속에서 일을 하기 위해서는, 조직과 구성원에게 목표와 실행의 긴장감이 있어야 하며, 도전하고 몰입하며 협업하여 차별화된 수준의 높은 질적 성과를 창출하는 것이 우선되어야 한다.

먼저 자신의 일 속에서 성과 창출이 우선이다

회사가 성장해야 급여와 복지 그리고 내가 향상된다. 모두가 자신을 우선시하면 성장할 수 없고 궁극적으로는 망한다. 일을 통해 실현하고 싶은 가치가 있어야 하며, 성장하기 위해 무엇을 어떻게 해야 하는지 고민하여 생산성을 높이고 끊임없이 살아남아야 한다.

두 집단이 있다. 한 곳은 집단 내 경쟁과 긴장이 감돈다. 일의 목표와 수준이 명확하며, 서로가 서로를 자극하여 보다 높은 수준을 지향한다. 잘못한 일에 대해서 무엇이 잘못되었는가를 명확하게 지적하며 다시는 똑같은 잘못이 없도록 한다. 집단의 룰에 반하는 튀는 행동을 용인하지 않는다. 하지만, 개인의 자율과 창의를 존중하며 성과에 대해 인정해 준다. 보이지 않는 곳에서도 룰을 지키며 부끄럽지 않은 모습으로 나아간다.

다른 한 집단은 무관심이 팽배하다. 내 일이 아니면 간섭하려 하지 않고, 누가 자신의 일에 대해 이야기하면 화를 낸다. 잘못한 일에 대해서는 가르쳐 주지 않고 책임을 지라고 한다. 아늑하고 편안한 사무실은 직원들로 가득하지만 항상 정적이 흐른다. 피해를 주지 않으려고 스마트폰을 들고 밖에 나가 통화하는 모습을 종종 본다. 이 집단도 제안이나 학습조직을 운영하지만, 행하는 사람이 없다. 오죽하면 봉사활동을 갔는데, 웃지 않는 이들의 모습에 어르신들이 그만 가라고 한다.

만족한 고객들은 감사하라는 말을 하지 말라고 해도 한다. 성공한 기업들의 직원들은 물건을 팔기 전에 기업과 자신의 이미지를 팔고 고객과의 관계를 맺는다. 신용을 최우선으로 하며 회사의 성장과 자신의 성장을 하나로 생각한다. 한 식당을 간 적이 있다. 자리에 앉으니 물수건을 가져다주고, 밑반찬이 부족하기 전에 채워주며, 아이들이 좋아하는 반찬을 듬뿍 가져다준다. 음식을 다 먹을 때쯤 커피와 매실차를 권한다. 음식이 정갈하고 맛있는 것도 그렇지만, 보이지 않는 서비스로 다시 찾겠다는 생각이 들었다. 이러한 직원들의 제품과 서비스를 경험한 고객들은 기뻐하고 고마워하며 다시 찾는다.

10

왜 그들은
실천하지 않는가?

A회장의 고민

A회장은 요즘 창문을 바라보는 시간이 많다. 회사에는 정적이 흐르고, 무기력감에 빠져 있다. 아무런 의미와 희망이 없고 누군가 구제해 줄 것이라는 생각뿐이다. 임원들도 지시만 따를 뿐 그 누구도 회사의 미래에 대해 걱정하지 않는다. 주어진 일만 처리하면 월급은 나온다는 식으로 무사안일주의에 빠져 있고, 이러면 안 된다고 아무도 이야기하지 않는다. 신입사원들도 전염되었는지 의욕과 패기도 없다. 그나마 의식이 있는 신입사원은 이미 퇴직했거나 준비 중에 있다. 회사가 망해가는데도 대책이 없다. 이들에게는 향후 10년, 후배에게 문전옥답(門前沃畓)을 물려주겠다는 의식이 없는 듯하다. 지금은 사업구조가 좋아 이익을 내고 있으나, 이대로 급여만 받으면 된다는 마음으로는 미래가 가망이 없다. 변화혁신 부서를 만들었지만, 구호만 요란할 뿐 실천이 없다. A회장은 답답한 마음에 인사팀의 구 팀장을 불러 "법 때문에 일을 할

수 없으면, 법을 고쳐 일을 추진하는 악착같은 실행 방안을 만들라"라고 지시했다.

무엇이 실천을 가로막는가?

구 팀장은 '왜 악착같이 실천하지 못하는가?'의 원인을 설문과 계층별 인터뷰를 통해 찾아보았다. CEO에게 지나치게 의존하는 경영층의 사고방식, 사업의 개념도 모르고 무조건 자기 부서 이익만 생각하는 지시 일변도의 의사결정, 단기 실적의 강요, 순환보직에 따른 잦은 자리 이동, 토론이 중시되지 않는 일방적 업무, 연공서열과 가부장적 직위를 강조하는 관행, 방향을 제시하지 못하고 세심한 부분까지 챙기는 정 대리 같은 정 상무, 무슨 제안을 하면 "그것 옛날에 다 했다. 내가 시키는 것만 해. 해 봤자 소용없으니 그냥 하던 일만 하라"고 하는 팀장들, 주관자만 말하는 회의, 협의를 강조하지만 협의와 협조가 없는 극심한 이기주의, CEO의 지시가 아니면 움직이려고 하지 않고, 아무도 말하지 않는 문화가 정착되어 실천을 가로막고 있었다.

어떻게 해결할 것인가?

구 팀장은 왜 회장이 자신에게 이러한 지시를 했는가를 가슴 깊이 느끼게 되었다. 인사 팀장으로서 회사를 근본적으로 바꿀 수는 없어도 지속 성장의 틀은 마련하겠다는 각오를 다졌다. 악착같은 실행을 위해 '누구나 다 알고 있지만, 이제는 실천이 중요하다'라는 모토를 내세우며 6가지 제도를 발표하였다.

첫째, 팀장과 임원의 경쟁력 강화를 최우선 과제로 하였다. 조직장 In/Out 제도를 도입하여 우수한 조직장은 상위 직책으로 승진시키고, 역량과 성과가 떨어지는 조직장은 보직해임을 통해 팀원으로 신분이 바뀌도록 제도를 도입했다.

둘째, 핵심 직무를 선정하고 그 직무에 종사하는 핵심 직무 담당자를 전문가로 육성하는 제도를 만들었다.

셋째, 공평 중심의 인사제도를 공정과 성과 중심의 인사제도로 확 바꿨다. 조직과 개인의 성과 차등의 폭을 대폭 벌려 '성과 있는 곳에 보상이 있다'라는 의식을 심어갔다.

넷째, 정 대리와 같은 정 전무, 정 사장이 없도록 본부장 코칭과 매주 경영 실적 보고를 회장을 모시고 전 본부장이 직접 발표하도록 장을 이끌었다.

다섯째, 회의 문화 개선으로 1·1·1원칙을 준수하게 했다. 1일 전 통보, 1시간 이내 회의 종료, 1시간 이내 결론 공유였다.

여섯째, 제안과 학습조직 제도의 부활이었다. 1년에 단 한 건도 제안하지 않아도 되는 회사가 아닌, 주인의식이 강한 회사의 구성원으로 자신의 일의 성과를 위해 부단히 제안하고, 업무의 개선을 이끌어가는 회사, 구성원의 의견이 자유롭게 경영층에 전달되고,

부서의 문제는 부서가 해결한다는 공감대를 형성하여 실행되는 소통이 잘되는 회사를 만들자고 강조했다.

실천하지 않는 기업은 망할 수밖에 없다. 모든 CEO는 악착같이 실천하는 회사로 지속 성장하기를 희망한다. 이 희망이 희망으로 끝나지 않기 위해서는 위로부터의 변화, 제도, 주관 부서의 전략과 희생, 구성원의 회사와 자신의 일에 대한 신뢰와 로열티가 하나가 되어야 한다. 망하는 기업에는 망하는 이유가 있고, 성장하는 기업에는 성장의 이유가 있다. 회사 내 성장과 성과를 창출할 수 있는 문화가 내재화되어 있어야 하며, 업무 가운데 실행되어야 한다. 도전과 실천을 하여 모두가 주도적이고 자율적으로 사업과 연계하여 자신의 일을 추진하는 강한 조직문화가 있어야 하는 이유이다.

11

왜 소통이
안 될까?

참석자들이 말을 할 수 없도록 조치한 후, 몸동작으로만 릴레이식으로 단어를 전달하도록 한 TV 프로그램을 본 적이 있다. 맨 처음 전달자는 문제를 보고 소리를 내지 못하는 상태에서 몸동작으로만 뒤 참석자에게 그 내용을 전달한다. 말없이 몸동작으로 전달이 진행되면서 전혀 다른 내용으로 바뀌게 되는 경우가 많아, 보는 사람을 웃게 한다. 이 현상이 기업에서는 일어나지 않을까?

A기업을 컨설팅할 때의 일이다.

CEO는 자신의 말이 밑에까지 전달이 안 된다고 걱정이라고 한다. 중간 관리자가 전달을 안 하거나 심한 경우 자기 생각대로 왜곡하여 전달한다고 한다. 이 회사의 구성원들은 더욱 심각하다. 회사가 추진하는 제안제도뿐만 아니라 어떠한 소통 장려 프로그램에 참여하지 않는다. 제안을 해도 피드백이 없고, 조직장에게 여러 차례 개선을 요구하였지만 "기다려 보라"는 말밖에 없었다고 한다. 회사를 위한 자신의 제안이 경영층에까지 전달되지 않는다는 불만이 컸다. 하긴 30명이 한 층에서 함께 근무하는 중소기업도 소통이 안 된다고 아우성이다.

최근 경영 환경이 어려워지다 보니 전부 축소 내지는 절약을 강조한다. 조직 분위기는 위축되고 구성원들 간에 흉흉한 소문이 떠돈다. 불안하다 보니 안정적일 때는 귀에 들어오지도 않던 이야기에 관심을 갖게 되고 믿게 되는 경우도 발생한다. 결국, 회사가 어렵게 추진하는 비상경영 방안이 구성원에게 제대로 전달되지 않아 그 성과를 얻지 못하거나 실패하게 된다. 그래서인지 많은 기업이 소통을 강조하고 있다.

왜 소통이 안 될까?

구성원 의식 조사의 몇 년 추이를 지켜보면, 대부분의 기업에서 소통 수준은 향상되고 있다. 그러나 경영층은 여전히 "회사의 전략을 수차례 전달했음에도 불구하고 아직도 구성원이 모르고 있다. 전 구성원이 정보를 공유하는 것 같지 않다", "필요한 정보가 필요한 사람에게 가야 하는데, 공유가 안 되고 있다"라고 이야기한다. 동일한 사안에 대해 구성원들은 "회사의 주요 사업의 진행 현황이 궁금하다", "회사의 주요 뉴스를 신문을 통해 알게 된다"라고 볼멘소리를 한다. 관리자에게 회사의 소통 내용과 수준을 물

어서와~ 조직문화는 처음이지?

으면 어떤 대답을 할까?

대부분의 대기업은 경영 현황 설명회 등의 상의하달(上意下達) 소통, 각종 회의를 통한 수평적 소통과 구성원 제안 제도, 동호회, 영보드(청년 중역) 등 하의상달(下意上達)의 소통을 하고 있다. 하지만, 이러한 소통을 위한 활동이 조직과 구성원을 한 방향으로 이끌고 성과를 창출하는 수준으로 가기에는 개선할 부분이 있다고 전 임직원이 생각한다. 회사의 일방적 전달로 진정성이 없다고 한다.

첫째, 조직 내 계층 간 직위 또는 직책의 벽이다. 어떤 회의는 특정 직책이나 직위에 있는 사람만 참석하게 된다. 또한 보고나 회의 시, 직책자 혼자만 참석하는 경우가 많다 보니 최고 경영층의 지시 사항이 중간 관리자에 의해 끊어지거나 변질되는 경우가 있다.

둘째, 경영방침, 전략, 목표, 핵심 가치 등에 대한 이해 부족이다. 같은 말을 들었더라도 회사 전반의 철학과 현황을 제대로 알지 못하면, 똑같이 들었다 하더라도 결과가 다를 수 있다. 자기 입장에 맞게 해석하여 처리했기 때문이다.

셋째, 업무의 세분화, 전문화로 인한 단절이다. 관심이 있는 것만 보인다고 한다. 자신에게 필요한 정보만 전달하고 듣다 보니 앞뒤가 잘린 중간 내용만을 가지고 일을 하거나, 앞뒤 공정상의 남의 일은 어떻게 되어가는지 관심이 없어 문제가 발생하는 일이

허다하다.

넷째, 정보를 가진 자의 독점에서 오는 단절이다. 정보를 권력으로 생각하여 자신 이외는 보고 또는 공유하지 못하게 하는 경우로, 조직장과 전문 인력에서 주로 발생한다.

다섯째, 정보전달의 왜곡 또는 우회로 인한 오해와 불신의 벽이다. 기록하여 확인하는 절차를 빠트리거나 생략하여 본질에서 벗어난 정보가 제공된다. 당사자에게 전달하지 못하고 제3자에게 전달됨으로써 정확한 내용이 공유되지 못하는 데에서 오는 결과이다.

여섯째, 실패에 대한 가차 없는 조직문화이다. 실패에 대한 처벌이 강하면 자기방어 분위기가 확산되고, 조직과 자기 부서에 피해가 되는 일이나 이야기는 하려 하지 않는다. 또한, 남이 자기 부서 이야기를 하면 비난으로 받아들여 변명하거나 공격하는 경우가 많다.

일곱째, 조직장과 개인의 무관심이다. 회사는 열심히 사내 인트라넷에 각종 소식을 공개하지만, 정작 조직장이나 개인은 정보를 얻기 위한 노력을 하지 않고 회사의 소통에 대한 불만만 늘어놓는 경우이다.

어떻게 소통할 것인가?

보다 전략적이고 성과를 창출하는 소통을 위해 먼저 조직문화를 정비해야 한다.

흔히 '소통 장애'라고 불리는 위 현상들을 없애고, 효과적인 소통을 하기 위해서는,

첫째, 소통 활성화를 위한 전략 수립, 담당 조직 구축 및 전문가 육성이 필요하다. 소통 채널의 정비, 일관성 있는 소통 전략과 공유, 소통 내용의 수준 및 효과 분석, 사내 소통 전문가 육성, 소통 사례의 전파, 조직장 면담과 협상 교육 등과 같은 업무를 체계적이고 지속적으로 추진해야 한다.

둘째, 토론 공간의 마련이다. 자신의 의견을 최고 경영자에게까지 솔직히 보고할 수 있는 채널을 만들어 자발적이고 우호적인 분위기가 조성되어야 한다. CEO에게 보고하기 위해서는 층층이 조직 위계를 지키고, 한 명 한 명 다 설득해야 한다면, 이미 경쟁력을 잃은 조직이다. 자신이 옳다고 판단되는 아이디어를 자유스럽게 내고, 고민 사항을 밤샘 토론을 통해 해결할 수 있는 소통 채널을 만들고 경영층부터 참여토록 해야 한다.

셋째, 반대의견을 받아들이고, 실패를 용인하는 문화가 중요하다. 반대의견과 실패를 용인하지 않는 문화에서는 자신의 의견만 주장할 뿐이다. 어느 순간, 밑으로부터의 도전은 사라지게 된다. CEO의 지시가 없으면 아무 일도 하지 않고 누군가 시키면 시키는 일만 하는 복종과 패자의 문화만 남게 된다. 실패를 용인하는 제도를 만들고 그 사례들을 알려야 한다. 지시 일변의 회의 분위기를 바꿔야 한다.

많은 방안이 있지만, 단 하나라도 진정성 있게 전달되어 공감하면 이것이 바탕이 되어 조금씩 개선이 일어난다. 내가 머물고 있는 회사가 잘되길 바라는 마음이 있기 때문이다.

어서와~ 조직문화는 처음이지?

12
어떤 조직문화를 원하는가?

A사 영업팀의 김 과장은 화물연대의 파업으로 정문과 도로가 통제되어 생산된 자동차 부품을 고객 회사에 전달할 수 없는 상태가 되었다. 이 부품은 100% A사에서 담당하기 때문에 공급하지 못하면 고객 회사는 자동차 생산을 할 수 없게 되는 상황이었다. 김 과장은 동료 3명과 함께 승용차로 4일간 거의 잠을 못 자면서 제품을 배송하여 고객 회사가 정상 가동하도록 하였다.

B사의 사무실은 정적이 흐르고, 아이디어는 없다. 모두가 고개를 숙이고 하라면 하는 체념한 모습으로 업무에 임한다. 살아있다는 생각은 안 들고 모두가 영혼 없는 인사와 일을 한다. 이들에게 성장과 발전이란 말은 찾아볼 수가 없다. 그저 어떤 좋은 일이 생길 때까지 넋두리나 하면서 기다린다.

어느 조직에서 일하고 싶은가? 무엇이 두 회사의 구성원을 이렇게 만들었을까?

지금 왜 조직문화인가?

　세계 경기는 좋아지고 있지만, 우리는 혼란스럽고 저성장이 이어지고 있다. 많은 기업이 적극적인 사업 확대를 통한 성장보다는 생존을 위한 비용 절감을 하고 있다. 심한 회사의 경우는 급여 동결, 복리후생 축소, 필수 불가결한 예산 이외의 사용은 엄격히 제한하고 있다. 한계 기업의 구조조정이 회자되고 있다. 이런 기업에서는 평생직장이라는 개념은 이미 희박해졌고, 구성원의 회사에 대한 로열티와 직무에 대한 몰입을 기대하기 어렵다. 도전과 열정, 소통과 화합을 강조하며 미래를 향해 나아가라고 하지만, 힘든 상황은 지속된다.

　기업 경영은 결국 사람이다. 구성원의 마음이 '일에 대한 자부심과, 일을 통한 성장 그리고 자발적으로 재미를 추구'하도록 이끌어야 한다. 이들이 회사를 신뢰하고 꿈과 열정이 살아 숨 쉬도록 이끌어야 한다. 꿈을 잃은 사람에게 열정을 찾기는 어렵고, 한 번 마음이 떠난 사람들에게 함께 가자고 해도 떠난 마음을 돌리고 쉽게 동참하지 않는다. 어려운 시기에 갖은 고생을 다해 회사를 정상화했건만, 언제 그랬냐는 식의 처우를 받은 직원들에게 다시 회사가 어려워졌을 때, 헌신을 강요하기는 쉽지 않다. 어려웠던 시절에 동참한 구성원의 마음을 달래는 작업이 선행되어야 한다. 임직원에게 어려울 때, 직원 삭감을 요청할 수 있다. 그러나 이 시기가 지난 후 어떻게 해야 할 것인가? A기업은 "어려울 때

자진 반납받은 급여를 회복되었을 때 이자까지 계산하여 돌려주었다"라고 한다. 결국은 신뢰이다. "회사가 우리를 믿고 있다"와 "회사가 지금 무슨 생각을 하고 있는 거야?"는 큰 차이이다. 조직은 이렇듯 신뢰가 기반이 되어 구성원들이 일에 자부심을 느끼고, 성장하며, 회사에 근무하는 것이 즐겁다는 생각이 들도록 해야 한다.

CEO는 어떤 조직문화를 원할까?

신바람, 한마음 되기 운동, 산행, 게임, 때로는 단체 극기 훈련 등을 통해 조직 구성원들이 스킨십도 느끼며 업무에서 벗어나 하나 되는 시간을 즐긴 적이 있다. 이러한 조직문화 프로그램이 놀고 즐기며 한순간의 기쁨으로 그친다면 이것은 회식의 연장된 한 형태가 되고 만다. 어느 순간, 누구나 하기 싫은 행사로 전락하고 만다. 일회성이 아닌 다양한 활동이 조직문화로 자리 잡아 회사 성과를 견인하도록 이끌어야 한다.

한 조직이 있다. 팀장이 팀 조직문화를 위해 매일 팀원들과 저녁을 함께 한다. 물론 각자 소주 한 병은 기본이다. 시간이 되면 2차에 간다. 팀장 본인은 조직을 활성화하기 위해 노력하고 있다고 생각한다.

다른 조직이 있다. 우선 조직의 지향하는 바람직한 모습과 비전이 있다. 이러한 모습과 비전을 달성하기 위한 전략과 이슈가 있으며, 어떠한 로드맵으로 1년 동안 이끌어 갈 것인가에 대한 방안들이 모색되어 각자 추진하고 있다.

일을 통해 성과를 내려고 모인 조직이기 때문에 조직문화도 일을 통해 달성되어야 한다. 내가 이곳에서 배울 것이 있고 성장하고 있다고 느낄 때, 더욱 일에 대한 자부심이 생기며, 팀과 회사와 하나가 된다. 매일 술 마신다고 조직이 활성화되지 않는다.

CEO가 만들고 싶어 하는 조직문화의 내용은 무엇일까? 아래 4가지 질문에 어떻게 답할 것인가?

① 조직문화가 왜 필요한가? (명확한 문제의식을 갖고 있느냐?)

② CEO가 조직문화를 통해 얻고자 하는 것은 무엇인가?

③ 조직문화를 담당하는 조직과 담당자의 역할은 무엇인가?

④ 조직문화의 성과 평가지표는 있는가?

결국 CEO가 만들고 싶어 하는 조직문화의 궁극적인 모습과 방향은 성과 창출이다.

이를 위해 다음 4가지가 구축되어 실행되어야 한다.

첫째, 방향, 전략과 추진하는 프로세스가 명확해야 한다.

둘째, 조직문화가 단기성이 아닌 장기 프로젝트로 지속되기 위해 시스템화되어야 한다.

셋째, 조직문화 프로그램을 통해 현장 각 단위 조직의 과제가 해결되어야 한다.

어서와~ 조직문화는 처음이지?

넷째, 매년 조직문화의 성과가 지표 또는 평가로서 가시적 보고가 이루어져야 한다.

어떻게 추진할 것인가?

조직문화는 어느 한 부서가 담당할 사항이 아니다. CEO의 관심과 참여, 현업 조직장의 실행, 구성원의 의지와 무엇보다 추진해 가는 전담 조직의 전략과 열정이 성공으로 이끌게 된다.

[조직문화 프로그램의 성공 요인]

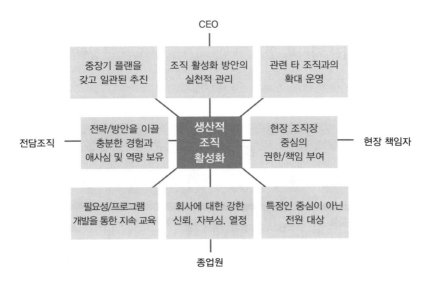

성과 지향적인 성공하는 조직문화 프로그램은 장기적 관점의 시스템으로 전 임직원에게 인식되어야 한다. 이를 위해서는 각 사의 특성에 맞는 자신만의 프로그램을 보유해야 한다. 필자가 권하는 가장 바람직한 추진 방안은 5가지이다.

① 매년 초 조직의 이슈 선정
② 이슈 해결을 위한 워크숍(Work shop) 실시
③ 연간 액션 플랜(Action plan) 수립
④ 추진 담당자 선정
⑤ 사무국의 평가와 피드백

조직문화가 구성원에게는 비전과 열정을 주는 시스템으로, 조직에는 과제가 해결되며, 회사에는 성과를 창출하도록 운영되어야 한다. 이를 자사의 업의 특성, 회사의 제도와 구성원의 인식에 맞도록 잘 가져가는 방법이 최선이다.

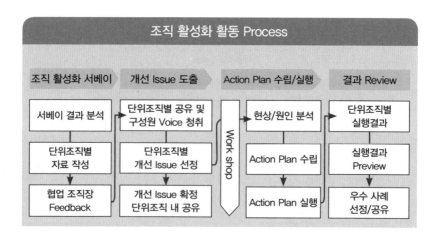

어서와~ 조직문화는 처음이지?

13

현대자동차에서 배우는
일하는 방식

가치의 변천

첫 직장은 삼성이었다. 그룹 공채로 입사하여 23박 24일의 입
문 교육을 받았다. 진행되는 프로그램 중 삼성의 경영 이념이 있
었다. 시업 보국, 인재 제일, 합리 추구였다. 당시 5개의 삼성 정
신이 있었다. 창조 정신, 도덕 정신, 제일주의, 완전주의, 공존
공영이었다. 신입사원 입장에서, 3개의 경영이념이 주는 이미지
가 강했기 때문인가? 5가지 삼성 정신은 그다지 와 닿지 않았다.
1988년 제2창업 정신을 외치며 9가지(위기의식, 인식 전환, 업의 개념,
기회 경영, 기술 중시, 인간 존중, 구매 예술화, 자율 경영, 그룹 공동체)를 강조했
다. 하지만, 그 울림의 정도는 그렇게 높지 않았다. 커다란 충격
은 1993년 삼성 신경영이었다. 경영이념을 "인재와 기술을 바탕
으로 최고의 제품과 서비스를 창출하여 인류 사회에 공헌한다"로
정했다. 삼성 신경영의 핵심은 위기의식, 나부터 변화, 삼성 헌
법, 한 방향, 질 위주 경영, 정보화/국제화/복합화, 21세기 초일

류 기업이 핵심이다. 이를 책자로 만들어 전 임직원 교육을 실시하였다. 그리고 2005년 5개의 핵심 가치를 제정했다. 인재 제일, 최고 지향, 변화 선도, 정도 경영, 상생 추구이다. 삼성을 떠난 후 선배나 동기, 후배들로부터 삼성의 가치 체계에 대해 묻지 않았고 들은 바도 없다. 과거 가치 전달의 선두에 서서 역할을 담당했던 입장에서는 아쉬움이 많다.

우연한 기회에 현대자동차 그룹의 가치 체계에 대한 이야기를 나누고 자료를 받게 되었다. 사훈에서 시작되어 우리의 일하는 방식(Hyundai Way)으로의 변천과 그 내용이었다.

1967년 사훈은 근면, 검소, 친애 3가지였다. 2000년 경영 방침은 신뢰 경영, 현장 경영, 투명 경영이었다. 2010년 현대차그룹 핵심 가치가 제정되었다. 고객 최우선, 도전적 실행, 소통과 협력, 인재 존중, 글로벌 지향이었다. 2022년 현대차의 일하는 방식(CoC)은 8가지(긍정 마인드, 소통과 협업, 책임감, 집요함, 전문성, 고객 최우선, 새로운 도전과 시도, 민첩한 실행)였다. 2024년 우리의 일하는 방식(Hyundai Way)에서는 10가지를 강조한다. 최고 수준의 안전과 품질, 집요함, 시도와 발전, 민첩한 실행, 협업, 회복 탄력성, 다양성 포용, 전문성, 윤리 준수, 데이터 기반 사고이다.

현대자동차의 CoC(Code of Conduct)

현대자동차 그룹은 2024년 6월 24일, 2022년 만든 일하는 방식 CoC를 개정하여 새롭게 우리의 일하는 방식 (Hyundai Way)를 발표했다. 다양한 채널로 전 세계 구성원들의 이야기를 청취하고 반영하여 만들었고, Global One Team이 되기 위한 구심점의 역할을 수행할 것이라 밝히고 있다. CoC의 출발점을 5가지 핵심 가치에 두고 있으며, 핵심 가치별 2개로 구성되어 총 10가지다.

❶ **Safety and Quality (최고 수준의 안전과 품질)**
우리는 고객 신뢰를 위해 안전과 품질을 최우선에 두고 완벽하게 챙깁니다.

❷ **Progress (시도와 발전)**
우리는 작은 시도와 과감한 도전을 통해 꾸준히 발전하며 혁신적인 결과를 만듭니다.

❸ **Alignment (협업)**
우리는 현대차 공동의 목표를 위해 치열하게 고민하고 결정된 사안에 대해 시너지를 냅니다.

❹ **Diversity and Inclusion (다양성 포용)**
우리는 다양한 생각, 지식, 경험을 존중하고 이를 토대로 새로운 가치를 발견합니다.

❺ **Integrity (윤리 준수)**
우리는 옳은 일을 한다는 자부심을 갖고 정직하고 투명하게 일합니다.

❻ Tenacity (집요함)

우리는 고객 만족을 위해 어려운 문제라도 책임감을 갖고 끈질기게 파고들어 안전과 품질을 최우선에 두고 완벽하게 챙깁니다.

❼ Agility (민첩한 실행)

우리는 고객에게 최고의 모빌리티 솔루션을 제공하기 위해 변화에 대응하여 빠르게 실행합니다.

❽ Resilience (회복 탄력성)

우리는 함께라면 할 수 있다는 자신감으로 서로 격려하고 힘을 실어줍니다.

❾ Expertise (전문성)

우리는 네 분야의 전문성을 높이고 영역을 확장합니다.

❿ Data-Driven Thinking (데이터 기반 사고)

우리는 글로벌 고객과 시장을 정확하게 예측하고 대비하기 위해 데이터 기반으로 판단합니다.

어떻게 실천할 것인가?

사명, 핵심 가치, 일하는 방식을 정하는 것은 중요하다. 더 중요한 것은 업무를 통해 이것이 실행되어야 한다. 어떻게 실행하게 할 것인가? 많은 기업에서 사명, 경영이념, 핵심 가치를 정해 실천을 강조하지만, 알지도 못하는 직원이 많다. 여러 이유가 있을 것이다. 일관되게 지속적으로 이끌어야 하는데, 이를 추진하는 조직이나 담당자가 없으면 내재화와 체질화는 불가능하다. 현장에서 실천하기 위해서는 교육, 홍보, 점검과 피드백 활동이 이루어져야 한다. 현업 조직장의 참여가 없으면 성과를 낼 수 없다. 제도의 틀을 마련하여 지속적 추진을 통해 문화로 정착되어야 한다. 일하는 방식의 실천 사례가 조직과 구성원에게 영향을 주어 역량을 강화하고 높은 성과를 창출하도록 해야 한다. 실천인들이 인정받고 더 높은 목표를 수립하여 실천하게 해야 한다. 이러한 사례와 실천인들이 변화의 중심에 서서 변화를 선도해야 한다. 경쟁력 있는 기업에 강한 조직 문화가 있는 이유이다.

CHAPTER 2

우리 회사 조직문화, 무엇이 문제인가?

왜 악착같고
도전적이지 못하는가?

고민하는 임원이 많다

김 상무는 요즘 고민이 많다. 가끔은 회의와 보고를 뒤로하고 창밖을 보는 시간이 많다.

어제 CEO에게 보고하던 중, "왜 김 상무는 나처럼 생각하지 않지?" 하고 질문한다. 당황하여 아무 말도 하지 않고 있는데 CEO의 지적이 매섭기만 하다. "회사의 3년 후는 암흑이고, 지금 미국의 압박과 중국의 규제 강화로 수출이 갈수록 줄어들 수밖에 없는 비상 상황인데, 이런 여유로운 개선 방안을 작성해 보고하나? 임원이라면 자신의 일에 관해서 CEO와 같은 사업가적 마인드가 있어야 하는데 해 왔던 일, 지시를 받고 하는 일이라면 왜 임원이 필요하냐?"라고 묻는다. 죄송하다는 말을 남기고 사무실에 오니 직원들이 눈치를 본다.

직원들의 눈에 임원은 존재 자체가 롤 모델이다. 작은 것부터 거시적인 사안에 대해 종합적이고 전략적으로 의사결정을 해 주길 원한다. 큰 틀의 방향과 방안을 제시하고, 자신들의 부족한 역량을 채워 주길 희망한다. 올바른 의사결정을 하고 솔선수범하여 일을 점검하고 피드백하여 임원이 자신들의 성장을 견인해 주길 바란다. 위아래로부터 임원의 역할에 대한 기대가 큰데 정작 김 상무는 무엇을 어떻게 해야 하는지 고민이다.

김 상무는 뛰어난 실적을 인정받아 임원이 되었지만, 뛰어난 중간 관리자가 존경받고 성과를 내는 훌륭한 경영자가 되느냐는 별개의 이슈이다. 뛰어난 중간 관리자가 임원이 되면 2개의 난관에 빠질 수 있다. 하나는 역량의 덫이다. 승진에 고려되는 항목이 승진 전 성과이다. 문제는 승진 전 성과가 승진 후 미래 성과와는 상관관계가 높지 않다는 데 있다. 중간 관리자로서 뛰어난 성과와 역량을 보유한 사람일수록 임원으로서 새 역할에 필요한 새 역량을 개발하여 성과를 내는 것이 어렵다는 점이다. 매우 익숙해진 성과를 내는 경험이 새로운 학습을 저해하기 때문이다. 다른 하나는 훈련된 경험과 역량이 새로운 직책의 수행에 도움이 되지 않는 경우이다. 관리자까지의 교육이나 훈련이 경영자로서 역할을 수행하는 데 도움이 되지 않아 성과를 창출하는 걸림돌이 되기도 한다. 자신의 새로운 역할을 인지하지 못하거나 새로운 직책과 자신의 역량이 불일치를 이루는 경우이다. 중간 관리자로서 역할과 역량을 잊어버리고, 임원의 역할과 역량을 인지하고 강화하는 데 주력해야 하지만 쉽지 않다.

왜 악착같고 도전적이지 못한가?

A회사에 근무할 때이다. 회장이 급히 호출했다. 자리에 앉기도 전에 "우리 임원들이 악착같지 못하다. 1달 안에 임원들을 악착 맞게 일하게 하는 안을 만들어 보고하라"는 지시를 내린다. 이유는 알아야 하겠기에, "어떤 점이 악착같지 못하느냐?"라고 물었다. 이전에는 시장을 뺏기면 무슨 수를 쓰더라도 탈환하는데, 요즘은 핑계가 많다고 한다. 밤을 지새우며 끝낼 사안인데도 며칠을 기다려도 보고가 없어 호통을 치고 챙겨야지만 된다고 한다.

『회사를 만드는 실행의 힘』(도서출판 행복에너지, 홍석환 저)을 보면 임원들이 악착같고 도전적이지 못한 이유를 다음과 같이 설명하고 있다.

첫째, 구조적 원인으로

· 정부 규제 산업으로 진입 장벽이 높아 경쟁이 치열하지 않음
· 고객 Needs나 시장 수요의 변화가 상대적으로 빠르지 않음
· 조직 구성원에게 규제시장에서의 안일함이 아직 존재
· 오랜 기간 단일 업종의 사업에 따른 유연하지 못한 사고방식
· 단위 조직의 성과 기여도가 명확하게 드러나지 않음

어서와~ 조직문화는 처음이지?

둘째, 인사 제도적 원인으로

- 임원 선발, 평가의 엄격한 기준 필요
- 신규 임원이 임원 역할이 부장 역할과 어떻게 다른지 모름
- 기존 임원들은 바쁜 현업에 치중하다 보니, 역량 개발을 위한 학습 기회 부족
- 경쟁자를 이기기 위해 본부나 팀이 달성해야 할 도전적/구체적 목표 미흡
- 조직 특성이 달라 객관적 평가 잣대 한계, 내부 관계 지향적 평가 문화

셋째, 문화적 원인으로

- '했다 주의' 중심의 면피성 보고
- 전사 사안에 대한 사전 정보 공유 부족으로 타 본부 이슈 사항에 대한 무지
- 남에게 피해를 주지 않고 나에게 도전하지 못하게 함
- 소신 발언과 건설적 의견 개진, 비판, 활발한 토론이 부족한 회의 문화
- 적을 만들지 않으려는 사내 문화
- 새로운 시도의 실패에 대한 두려움 존재

어떻게 실행하여 성과를 내도록 할 것인가?

임원들이 자신의 역할을 인지하고, 조직과 구성원을 성장시켜 경쟁력(가치)을 높여, 주어진 목표 이상의 성과를 창출하고, 조직을 더욱 확대하여 실을 본부로, 본부를 회사로 만들게 하기 위해서는 어느 하나만 개선해서는 불가능하다. 임원의 선발부터 유지 관리에 이르기까지 종합적인 대책이 필요하다. 시급히 해야 할 일은 크게 4가지로 볼 수 있다.

첫째, 임원을 대상으로 임원의 역할이 무엇인가 내재화하는 일이다. **임원은 원칙에 입각하여 '길고 멀리 보는 경영'을 통해 조직성과를 창출하는 사람이다.**『임원의 품격』, 행복 에너지, 홍석환 저

이를 위해 관리자가 아닌 경영자로서 역할과 역량을 명확하게 인지하고 실행해야 한다.

둘째, 임원 선발의 프로세스를 더욱 정교하게 하고, 장시간에 걸쳐 체계적으로 추진해야 한다.

선발 절차가 매우 힘들고 도전적이어야 한다. 우리 회사는 임원이 되기가 가장 힘들다는 말이 회자되어야 한다.

셋째, 임원의 평가는 철저하게 역량과 성과 중심으로 가져가야 한다.

넷째, 임원 중심의 조직문화 개선 활동이 추진되어야 한다. 가치관 강사는 전부 임원이 담당하며, 임원 조직에 혁신 추진자를 운영하여 변화가 현장에서부터 이루어지게 해야 한다.

02

우리 회사의
병폐는 무엇인가?

회사가 성장하면서 생기는 병폐 1위는?

3명 미만의 초창기 기업일 때는 너 일, 내 일이 없다. 일이 있으면 좋고 누구나 열심이다. 고객과 수주가 많아지고 여기저기서 요청이 늘면 인원을 충원하게 되고 일을 분담하게 된다. 조직이 많아지고 직원의 수가 100명을 넘게 되면 여러 가지 조직과 개인의 문제와 갈등이 발생한다.

회사가 성장하면서 생기는 병폐 1위는 무엇일까? 회사 초기의 협업과 당연히 해야 한다는 생각에서 회사가 성장하면서 조직이 만들어지고 직무가 분담되면서 자연스럽게 경계가 만들어진다. 너 일, 내 일이 구분된 것이다. 누가 내 일에 간섭하면 싫다. 나아가 내 일임에도 불구하고 다른 조직의 담당자가 한다면 어떤 기분이겠는가? 심한 갈등이 발생한다. 바로 부서 개인 이기주의이다.

회사를 좀먹게 하는 병폐는 무엇인가?

이전 직장에 근무할 때, 회사를 힘들게 하는 병폐를 파악하여 보고하였다. 갑작스러운 보고에도 CEO는 다음 보고를 30분 뒤로 미뤘다. 많은 시사점을 주는 보고였다며 과제별 담당 부서를 정해 빨리 조치할 것, 단계를 두고 조치할 것을 구분하여 하나하나 개선해 나가라고 지시했다.

당시 회사는 주니어보드를 운영하고 있었다. 주니어보드를 불러 회사의 병폐가 무엇이냐고 물었다. 소통 문제, 평가 문제, 조직장의 독선, 음주문화, 기본 안 지키기 등 다양하였다. 이에 4가지 단계를 제시하고 CEO가 주관하는 경영 회의에 보고하도록 요청했다. 1단계는 주니어보드가 정한 병폐 30가지를 도출하는 것이었다. 10명의 주니어보드에게 A4지 1장을 주고 브레인라이팅 기법을 활용해 10분 동안 100여 가지의 아이디어를 도출했다. 도출된 아이디어를 중요도(20점)와 긴급도(10점)의 축으로 각각 점수를 부여하도록 하였다. 나온 점수로 상위 30개 과제를 결정했다. 2단계는 30개 과제에 대한 전사 설문 실시이다. 전 직원을 대상으로 30개 과제에 대해 5점 척도(매우 그렇다 ~ 매우 아니다)를 체크하게 하였다. 3단계는 보고서 작성이다. 설문을 기반으로 '그렇다' 이상의 4, 5점만 포함하는 긍정 응답률을 가지고 분석하였다. 18개의 중점 과제를 선정하여 인터뷰를 실시하였다. 직원들의 생생

어서와~ 조직문화는 처음이지?

한 목소리를 보고서에 담았다. 4단계는 경영층에 보고이다. 회사
의 병폐는 조직장 수준에서는 절대 개선될 수 없다고 판단하여 경영
위원회에서 직접 주니어보드 의장이 발표하였다. 대안 없이 회사
의 병폐를 어떤 절차로 파악했고, 그 결과가 무엇인지 보고했다.
보고 결과는 충격적이었고, 파급효과도 매우 높았다.

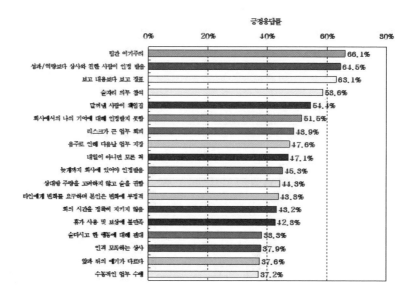

회사의 병폐 1위는 팀 간 이기주의(긍정 응답률 66.1%)였다. 2위는
성과와 역량보다 상사와 친한 사람이 인정받는다(64.5%), 보고 내
용보다 보고 장표 작성에 시간을 더 사용한다(63.1%) 술자리 의무
참석(58.6%), 말 꺼낸 사람이 책임을 지게 된다(54.4%), 회사에서
의 나의 기여에 대해 인정받지 못한다(51.5%), 리스크가 큰 업무는
회피하려 한다(48.9%), 음주로 인해 다음 날 업무에 지장이 있다

(47.6%), 내 일이 아니면 모른 척한다(47.1%), 늦게까지 회사에 있어야 인정을 받는다(45.3%) 순이었다.

구체적인 해결책이 없는 현황만 보고해 죄송하다는 주니어보드 의장의 우려에, CEO는 결정은 회사가 할 것이고, 현실을 명확하게 알려주는 것이 여러분의 역할이며, 이 역할도 매우 중요하다고 했다.

회사의 병폐, 어떻게 해결할 것인가?

과제가 있을 때 의사결정의 5단계가 있다. 자료를 충분히 수집했는가? 그 자료를 어떤 방식으로 분석했는가? 분석의 결과, 대안은 무엇인가? 대안 중 이익 극대화, 손실 최소화의 원칙하에 최적 안이 무엇인가? 최적 안에 대한 구체적 실행 계획이 무엇인가?
회사의 병폐를 알았다면, 이를 해결할 방안이 있어야 한다. 물론 최고 경영자의 결단과 지속적 관심은 기본이다. 회사의 병폐를 개선하고, 보다 바람직한 문화를 정착시키기 위해서는 3가지가 필수적이다.

첫째, 추진 조직의 선정이다. 일이 결과를 맺기 위해서는 추진 조직이 책임을 갖고 수행해야 한다. 일은 있지만, 수행할 조직이

나누어져 있거나 없으면 일의 결과는 기대하기 어렵다. 추진 조직이 계획을 세우고 실행하여 결과에 대한 책임을 갖도록 해야 한다.

둘째, 현업 조직장과의 협업 체계이다. 혼자 일할 수 없는 과제이다. 현업 조직장들이 사안을 인식하고 개선하도록 함께 협업해야 한다. 현장에서의 개선이 이루어져야 한다. 우리 과제는 우리 조직에서 해결한다는 의식이 무엇보다 중요하다.

셋째, 결과에 대한 점검과 피드백이다. 하라고 하고 점검하지 않으면 실행될 가능성은 갈수록 희박해진다. 인사 부서의 문제 중의 하나가 바로 점검과 피드백 부재이다. 책상에 앉아 작성한 제도를 현업에 업무 연락을 보냈다고 일이 마무리된 것이 아니다. 현업에서 제도의 취지를 공감하고 실행하여 결과를 내도록 점검하고 피드백해야 한다. 잘하는 곳은 홍보하고 미진한 곳은 진단하여 원인을 찾아 잘하도록 이끌어야 한다. 인센티브도 있지만 페널티도 병행해야 한다. 현장 중심의 인사가 되어야 하는 이유이다.

똑똑한 인재 뽑아
바보 만드는 회사

이런 회사에 다니는 직원의 심정은 괴롭다

최근 대기업이나 공기업 취업하려면 서류전형부터 시작하여 500:1의 경쟁을 뚫어야 한다. 지방의 비인기 학과 출신은 합격을 생각할 수도 없는 좁은 취업의 문이다. 수도권 상위 대학의 인기 학과 학생들 역시 취업이 어렵기는 마찬가지이다. 가고 싶은 회사와 직무에 사람이 몰리다 보니 대학 3, 4학년이 되면 마음을 잡고 다시 공부한다. 영어는 기본이고 전공과 상식 및 그 회사에 맞는 면접 준비를 한다. 어렵게 취업하여 짧게는 1주, 길게는 5주 이상의 입문 교육을 받으면서 해보겠다는 목표와 열정을 가지고 현업 부서에 배치된다.

현업 부서는 입문 교육을 받을 때와는 완벽하게 다르다. 대부분의 사원들은 "하루 4시간 이상 취침하기가 어려웠던 입문 교육 기간이 정말 행복했다"라고 표현한다. 업무가 부여되고 처음 해보는 일임에도 불구하고 해내야만 한다. 선배들은 뭐 묻기가 어려울 정도로 바쁘고 정신없다. 전화 받기가 두렵고, 누군가 무엇을 물어보면 대답해 줄 수가 없다. 선배와 상사가 무엇을 시키는데 무엇을 시켰는지 이해하기도 어렵다. 생소한 용어로 인해 그들만의 대화를 하는 듯하다. 무슨 일을 잘못하면 "아니, 그것도 못 해?"라며 핀잔을 준다. 심한 경우에는 "그 대학 나온 것 맞아?" 하며 비아냥댄다.

A기업을 컨설팅할 때의 일이다.

입사 3년 차 사원들을 대상으로 개별 인터뷰를 했다. 한 명씩 회사 생활 이야기를 하는데 불만이 많다.

회사의 핵심 가치 중에는 '신뢰'가 있는데, 이 회사 다니면서 신뢰를 느껴본 적이 없다고 한다. 상사는 언행일치를 강조하지만, 이를 지키는 것은 신입사원이고, 기존 선배나 상사들은 앞과 뒤가 다르다고 한다. 3년 동안 단 한 번도 상사와 개별 면담을 한 적이 없다고 한다. 평가는 하는데 평가 결과를 모른다고 한다.

일 잘하는 선배 한 명이 상사와 의견 충돌 후 현장 영업지점으로 발령 났다며, 이 회사의 룰은 상사에게 절대 목소리 높여서는 안 된다고 한다. 새로운 시각으로 적극적으로 의견이나 아이디어를 내라는 말은 입문 교육 때에만 적용되고, 현장에서 의견을 내면 당장 "네가 현장을 알면 얼마나 안다고?" 하며 소리를 지른다.

내 이야기를 들어주는 단 한 명의 선배나 상사도 없다. 팀의 회의 준비와 자잘한 일은 전부 막내인 내 몫이다. 동기들끼리 모여 소주 한잔하다 보면, 전부 회사와 상사 그리고 조직문화에 대한 불만이다. 직급이 항상 깡패이며, 상사만 되면 화내고 지시하려고만 한다고 한다. 나쁜 일은 숨기기에 급급하고, 웬 험담과 투서는 그렇게 많은지, 언제 일하는지 의문스럽다고 한다.

회사의 직원으로 조직에 기여하고 싶고, 직무 전문가로 성장하고 싶다. 입사 후 1년 이내에 다른 회사를 찾았어야 했는데, 지금은 취업하기도 어려워 참고 견딜 수밖에 없다. 지금과 같은 상황이 이어진다면, 심각한 고민이라고 한다. 경쟁자는 회사 밖에 있는데, 출근하면 내부 사람들끼리 경쟁한다.

똑똑한 인재를 뽑아 바보 만들어 가는 회사의 전형적인 모습이다.

일과 사람을 통해 즐거움을 찾는 직장으로 어떻게 바꿀 것인가?

인사를 담당하는 후배로부터 메일이 왔다.

"선배님, 회사의 인사제도를 혁신적으로 바꾸라는 지시가 있었어요. 주어진 기간이 너무 짧고, 컨설팅 회사는 우리 회사에 대해 너무 모르기 때문에 맡기기 쉽지 않고, 저희 인사 부서에서 직접 하려고 합니다. 어떤 프로세스로 추진하면 될까요? 인사제도 혁신을 통해 일하는 회사, 성과를 내는 회사, 즐겁게 일하는 회사를 만들어 보고 싶어요."

    2일의 시간을 내서 임원 2명과 팀장 5명, 그리고 현업을 수행하는 직급별 담당자 10명을 개별 면담 형식으로 만나 보았다. 회사의 비전, 현 수준, 회사 전반의 이슈와 근본 원인, 가장 중점을 둘 사항에 대해 질문했다. 사실 인사는 사업과 연계하여 조직/사람/제도/문화의 경쟁력을 강화하여 회사가 지속 성장을 하는 토대가 되어야 한다. 인사제도의 이슈를 찾기보다는 전반에 대한 파악을 먼저 진행한 후, 후배에게 5가지를 전달했다.

    인사 혁신을 위한 제도 개선을 할 수 있다. 하지만, 조직과 구성원이 즐겁게 열정을 가지고 일에 몰입하고 성과를 창출하게 하기 위해서는 인사제도 개선만으로는 충분하지 않다. 직원들의 경험, 창의성, 도전 정신과 열정, 자발적이고 주도적 실행을 이끌어 내기 위해 틀을 바꿔야 한다고 조언했다. 인사 부서가 추구하는 모습이 공정하고 신뢰가 있는 회사, 조직과 구성원이 최고 수준의 역량을 갖춘 회사, 변화를 즐기며 길고 멀리 보는 시야와 목표의식을 가진 회사를 만들어야 한다고 했다. 일하는 문화를 바꾸기 위해 생각과 방식을 바꿔야 하는데, 사람이 바뀌지 않으면 절대 바꿀 수 없다고 했다.

    후배에게 전달한 5가지 방안은 다음과 같다.
    첫째, 임원과 팀장부터 쇄신해라. 성과, 역량과 성장 가능성을 축으로 아닌 사람은 과감히 교체하여 근본부터 바꿔야 한다. 이를 위해 반드시 조직을 봐야 하며, 조직 설계와 R & R(Role &

Responsibility) 정립이 기반이며, 기존 임원과 팀장의 리뷰를 할 수 없으면 시작도 하지 말라.

둘째, 인력 유형별 관리를 실시하여, 우수 인재와 저성과 인재를 구분하여 보낼 사람은 보내야 한다. 관리자와 경영자가 될 사람, 핵심 직무에 근무하는 인재는 제대로 선발하여 지속적으로 육성하는 틀을 구축해야 한다.

셋째, 인사제도는 평가 개선이 축으로 목표와 과정 관리를 철저히 해야 하고, 평가 결과가 보상과 승진, 육성과 이동, 채용과 퇴직으로 활용되지 않으면 의미가 없다.

넷째, 조직과 구성원의 육성을 동시에 추진하되, 경쟁력 있는 육성이 되기 위해서는 조직과 구성원 모두 선발형/문제해결형으로 전환되어야 한다. 직무 순환제도는 우수 핵심 관리자, 경영자로 성장할 사람 중심으로 국한하고, 자신의 직무 분야의 깊이를 더해 가는 직무 전문성을 강화해 가는 방향이 옳다.

다섯째, 신뢰 문화의 정착이다. 상사에 대한 신뢰, 조직과 업무에 대한 신뢰, 구성원과 이해 집단에 대한 신뢰이다. 조직의 목표 달성, 개인의 역량 강화, 팀워크 향상의 근원은 신뢰이다. 신뢰 문화를 정착시키기 위해 진단, 이슈 도출, 개선 활동, 추진 조직과 지원체계 등을 정립하여 지속적으로 추진해 가야 한다. CEO가 바뀌면 모두 바뀌는 사람에 의한 혁신이 아닌, 제도와 문화에 의한 혁신으로 가야 한다고 강조했다.

"언제 어디서나 누구에게나 회사, 함께하는 동료, 회사의 제품, 자신이 하는 일에 대해서는 절대 나쁜 이야기를 해서는 안 된다."

이는 신입사원 첫날, OJT(On The Job Training) 사수가 명심하라고 알려준 원칙이다.

좋은 회사는 뛰어난 인재를 뽑아 뛰어난 성과를 창출하는 회사일 수도 있다. 그러나 뛰어나지 않은 보통 아니, 조금 부족한 인재를 선발하여 위대한 성과를 지속해 가며, 조직과 구성원이 즐겁고, 일과 학습을 통한 성장과 회사와 자신의 일에 대한 자부심을 강하게 만드는 회사가 정말 초우량 기업이 아닐까? 우리는 지금, 똑똑한 인재를 뽑아 바보로 만들고 있지는 않는가?

04
왜 팀장이
되려고 하지 않는가?

A기업의 이 차장

제조업을 하고 있는 A기업 경영관리팀은 총 8명이다. 고참 부장 2명, 차장 2명, 과장 2명, 대리 1명, 사원 1명이다. 팀장이 정년퇴직 후 회사는 사전 통보 없이 차장 중 김 차장에게 팀장 발령을 냈다. 회사 게시판에 팀장 발령 공고가 났고, 사람들은 김 차장에게 문자, 메일, 전화로 축하 인사를 전했다. 하지만 정작 김 차장은 본부장을 찾아가 팀장 승진 발령을 취소해 달라고 요청한다. 표면적으로는 부장 2명의 선배가 있고, 차장도 1년 선배이며, 과장들과 10년 이상 함께 근무했기 때문에 동료이지, 상하관계로 엮이고 싶지 않다고 한다. 하지만 속내는 다르다. 팀장이 되어도 혜택이 하나도 없다. 담당 업무를 하면서 팀의 업무에 대한 책임을 져야 한다. 팀원들 관리를 해야 하며 이곳저곳의 온갖 회의에 참석해야 한다. 팀이나 업무 관리에 실수나 잘못이 있으면 안 된다. 회사가 보수적 성향이 강해 실수에 대한 관용이 없다.

실수에 대한 엄격한 잣대를 적용하기 때문에 개인적으로 역량이 뛰어난 팀장 중에서 팀원의 잘못으로 인해 팀원으로 보직 해임되거나 퇴직한 선배가 많다. 개인적으로 수치스럽게 되고 싶지도 않고, 혜택과 권한도 없는데 업무 과중과 책임만 있는 팀장이 되고 싶지 않은 것이었다.

본부장은 팀장이 되어 조직 전체를 관리하며 시야를 넓힐 수 있고, 자신이 담당하는 일의 범위도 넓히고, 무엇보다 팀원들과 면담과 업무 지시 및 보고를 통해 인간관계의 안목을 키울 수 있다. 회사의 경영자가 되기 위해서는 팀장은 반드시 경험해야 할 기회라고 한다. 맞는 말이지만, 팀원이 하기 싫어하는 일을 강요하거나, 모두 안 한다고 하면 팀장이 할 수밖에 없는 상황이 싫다. 무엇보다 3명의 선배들에게 업무 지시와 보고를 받는 상황이 싫었다. 동료로서 서로 격의 없이 지내며 자신의 일만 하면 되는 현 위치가 좋았다. 본부장의 만류에도 김 차장은 절대 팀장이 되지 않겠다고 한다. 본부장은 이미 발령이 났고 자신이 적극 지원해 줄 것이니, 팀장으로 근무하다가 정 아니라면 6개월 후 결정하면 안 되겠느냐고 묻는다. 김 차장은 단호하게 팀장 발령을 취소해 달라고 요청한다.

일부 중소기업에 있어 팀장 승진은 기쁜 일이 아니다. 심한 경우, 팀장을 과장 이상이 돌려가며 하는 실정이다. 팀장에서 팀원이 되는 일을, 부끄러운 일이 아니라 의무 근무를 마쳤다는 수준으로 생각한다. 팀장이라고 존경받는 자리가 아니라 그냥 팀을 대표하여 회의에 참석하는 수준으로 생각한다. 자신이 해야 할 일이 다 있고, 호칭도 '팀장님'이 아니라 그냥 '팀장'이다. 팀장과 팀원의 경계가 모호하고, 조직장으로서 팀장의 역할, 해야 할 일과 실제 하는 일과의 차이가 크다. 팀장 중에는 팀 형태의 조직 구조하에서 어쩔 수 없이 팀장이 되었지만, 팀장의 역할이 무엇이며, 무엇을 해야 하는가를 체계적으로 배운 적이 없다고 한다. 선배 팀장이 했던 것의 답습 또는 팀장으로 있으면서 시행착오를 해 가며 배운다고 한다. 이렇게 해서는 팀제를 도입한 목적을 달성할 수도 없고, 팀장이 되기 싫다는 불만만 가중되게 된다.

팀장과 팀원의 역할은 다르다

팀원은 주어진 일에 대해 자료를 수집하고 분석하여 결과물을 창출해 활용하도록 실무를 담당하는 역할을 수행한다. 당연히 팀원이 하는 일은 실무 작업이다. 경영 사무직의 경우, 자료 수집력, 분석력, 대안 창출력, 실행력 등이 중요한 역량이다. 반면, 팀장의 역할은 새로운 일을 창출하여 공정하게 분장하고 팀원들의 사기를 진작하여 성과를 극대화 하는 일을 수행한다. 당연히 방향 제시력, 의사 결정력, 과제 창출력, 통솔력, 동기

부여가 주요한 역량이다. 팀원으로서 일을 잘했던 직원이 팀장이 되어서도 성과를 내지 못하는 경우가 많다. 팀원으로서의 역할과 역량이 팀장의 역할과 역량에 직접적인 도움이 되지 않을 수 있기 때문이다. 팀원일 때 뛰어난 자료 수집과 분석 역량을 가졌더라도, 팀장이 되어서도 수집과 분석에 집중한다면 팀원들은 "어차피 팀장이 할 텐데 내가 굳이 할 필요가 있나?" 하며 대충하게 된다. 팀장은 실무자가 되어서는 안 된다. 팀장은 팀과 팀원 전체를 보며 전사적 관점에서 방향을 제시하고 의사결정을 내려야 하며, 성과를 창출할 수 있도록 팀, 일, 팀원을 제대로 이끌어야 한다.

어떻게 팀원들이 팀장이 되길 원하게 할 것인가?

팀원들이 팀장이 되지 않으려는 가장 큰 이유는 혜택과 권한은 없고, 과중한 일, 잘못했을 때 높은 책임 때문이다. 힘들고 어렵고 중요한 일을 하는데 혜택은 없고 가중한 책임만 있다면, 누가 그 일을 하려고 하겠는가? 중요한 것이라면 더 소중하게 간직해야 한다. 팀장은 대부분 10년 넘게 회사 생활을 했고, 팀을 이끄는 사람이다. 그런데도 팀장은 당연히 알아서 하며, 팀을 한 방향 정렬하게 하고, 성과를 창출하는 것은 기본이라고 생각하는 경영자가 있다. 현재 팀장들과 팀원들도 같은 생각을 하고 있을까?

팀장이 되는 팀원은 직무 전문성과 높은 업적, 올바른 품격, 리더십을 갖추고 있어야 한다. 아무나 팀장이 되는 것이 아닌 팀장 후보자로 사전 선발되어 팀장의 역할과 해야 할 일에 대한 교육과 사전 과제를 추진해야 한다. 팀장이 되는 심사 절차를 정교히 하여 팀장이 되기 전 충분한 검증을 마무리해야 한다. 소중하다면 그 이상의 대우를 해줘야만 한다. 팀장 수당은 기본이며, 팀장에 대한 직급 체계와 보상 구조를 대폭 높여야 한다. 금전적 보상도 중요하지만, 인정과 칭찬, 도전 과제 부여, 작업 환경 개선, 팀장 리프레시(Refresh) 휴가, 팀장 정기 워크숍, 팀장 CEO 간담회, 상사에 의한 월별 면담 의무화 등이 필요하다.

뛰어난 팀장이 임원이 되어 회사 경영을 견인해야 한다. 중간 허리 역할을 수행하는 팀장들이 팀원부터 엄격하게 심사하고 관리해야 한다. 팀원들이 아무나 팀장이 되는 것이 아니며, 팀장이 되기도 어렵지만, 팀장으로 내린 의사결정을 인정하고 따라야만 한다. 높은 전문성은 기본이며 전사적 관점의 의사결정을 하고 길고 멀리 보며 팀과 팀원을 성장하게 해야 한다. 팀장을 인정하고 존경하면 팀장이 되려고 하지 않는 것이 아닌, 자신의 부족함을 인지하고 팀장이 되려는 노력을 하게 된다. 모범을 보이며 롤 모델이 되는 팀장이 회사의 문화를 이끌 수 있도록, 회사가 팀장 관리에 많은 역점을 두어야 하지 않을까?

05

왜 문제가 개선되지 않고
악화될까?

코브라 효과

영국의 식민지였던 인도에서 코브라가 사람을 물어 죽이는 일이 빈번했다. 총독부는 코브라를 없애는 묘안을 냈다. 코브라 머리를 잘라 오면 그 숫자만큼 돈으로 보상하는 것이었다. 처음에는 이 정책이 성공적인 듯이 보였다. 잡아 오는 코브라 수가 점차 증가했기 때문이었다.

총독부는 혐오스러운 뱀이 조만간 사라지리라 기대했다. 그러나 정책을 시행한 지 1년이 지나고, 또 2년이 지나도 잡아 오는 코브라 수가 줄어들기는커녕 더욱 증가했다. 이상하게 생각한 총독부가 그 이유를 알아보니 사람들이 처음에는 코브라를 잡기 위해 집 주위는 물론 들과 산을 열심히 헤맸지만, 나중에는 집집마다 우리를 만들어서 코브라를 키우고 그것들을 잡아서 보상을 받고 있었다. 총독부는 할 수 없이 코브라 제거 정책을 포기했다.

그러자 사람들은 집에서 키우던 뱀을 모두 내다 버렸고, 코브라 수는 정책을 펼치기 전보다 오히려 수십 배로 증가했다. 이처럼 어떤 문제를 해결하기 위한 대책을 시행했는데, 오히려 문제가 더욱 악화되는 현상을 '코브라 효과(cobra effect)'라고 한다. (나무위키에서 인용)

기업에서 왜 문제가 더 악화될까?

A회사는 일에 비해 근로자의 수가 적었다. 매일 2시간 이상 야근이 이어졌다. 회사는 신규 인력을 채용하기보다는 야근 수당을 주는 것이 더 효율적이라고 생각했다. 회사는 야근 수당을 지급하면서 다른 한편으로는 사무 자동화 추진과 일하는 방식의 개선을 교육하였다. 1년 이상 꾸준히 야근을 줄이고 생산성을 높이는 노력을 하였지만, 야근은 줄지 않았다. 오히려 야근 수당이 증가하였다. 회사는 정시 퇴근을 강조하며 야근자에 대해 월 30시간까지만 야근 수당을 지급하기로 결정하였다. 그러자 대부분의 직원이 월 28시간에서 30시간 야근을 한다. 30시간을 넘어서면 수당이 지급되지 않기 때문에, 30시간에 딱 맞춰 야근하는 것이다. 회사는 월 10시간 야근 수당을 급여에 포함하고, 야근 수당을 폐지하였다. 이 제도 도입 후, 야근을 하는 직원이 없다. 아무리 급하고 중요한 일이 있어도 정시 퇴근한다. 회사의 매출은 급감하고, 이와 비례하여 회사에 대한 직원들의 불만은 높아만 간다.

회의할 때마다 경영진은 인내심을 시험받는 듯하다. 참석자들이 아무 말을 하지 않기 때문이다. 자신의 순서 또는 일과 직접적

어서와~ 조직문화는 처음이지?

관련이 없으면 관심이 없는 듯하다. 경영진은 이런 직원들에 대해 강한 불만과 질책을 한다. 회의 개선 방안을 만들어 홍보하고 교육을 한다. 많은 노력과 질책을 하였지만, 회의에서 개선은커녕 눈도 마주치려고 하지 않는다. 악순환의 반복이다.

왜 기업에서 어떤 문제가 발생했을 때,
개선되지 않고 악화되는 것일까?

여러 이유가 있을 것이다.

가장 큰 첫째 이유는 자신에게 피해 또는 불편함을 줄 수 있기 때문 아닐까?

가만있으면 중간이라도 가는데, 먼저 언행을 함으로써 그 일을 담당하게 되는 것이다. 마치 회의에서 좋은 의견을 내면, 회의 주관자 또는 타 참석자가 "그것 좋은 아이디어다. 직접 추진해라" 하는 식이다.

둘째는 이익이 줄거나 잘못되었을 때, 질책이나 책임의 강도가 높을 때이다.

코브라를 키우는 비용보다 보상으로 받는 금액이 큰 경우, 야근처럼 자리에 앉아 있기만 해도 시간이 지나면 수당이 나오는 상황이다. 이러한 보상이 줄거나 사라지면 행위 자체를 하지 않는 것이다. 반대의 경우, 질책이나 책임의 강도가 크다면 안전을 위해 회피하게 되어 있다. 도전하거나 도와주려고 하지 않는다. 공동의 목표를 위해 여러 조직과 직원이 하나가 되어 일을 추진해야 하는데, 조직과 개인의 이기가 팽배하게 된다.

셋째는 자신의 역할을 모르는 리더에게서 찾을 수 있지 않을까?

무능해서 방향이나 의사결정을 해 주지 못하거나, 상사의 의중을 파악하지 못하고 잘못된 방안으로 직원들을 힘들게 하는 경우이다. 문제에 대한 근본 원인을 찾아 해결해야 하는데, 문제 자체를 잘못 인식하여 다른 조치를 하니 문제가 더 악화될 수밖에 없다.

조직과 직원을 육성하지 못하고 혼자 다 하려는 리더도 문제를 심화시키는 원인이다. 현명하고 부지런해서 직원들이 한 일의 수준이나 내용이 마음에 들지 않는다. 전부 자신의 수준으로 수정하면 어떤 현상이 일어나겠는가? 직원들은 "어차피 리더가 다 하겠지" 하는 심정으로 대충하게 된다. 직원이 성장하지 못하는데 조직이 성장할 수가 없다. 리더의 책상에는 매일 과제가 쌓여만 간다. 리더에게 사고가 발생하면 이 조직은 바로 무너지게 된다.

문제를 악화시키지 않게 하는 해결책 또한 다양하다.

전문가의 진단이나 조언, 잘하고 있는 회사 벤치마킹, 문제와 관련된 전문 서적, 자체 문제해결 임시 조직 만들기 등 수많은 해결 방안이 있다. 그러나 문제를 해결하고 성과를 높여가는 조직이나 직원들은 그렇게 많지 않다. 이유가 무엇일까? 단 한 가지 제언한다면, 미션과 비전으로 무장된 리더와 한 방향으로 정렬된 조직과 구성원의 악착같은 실행력이 아닐까?

06
왜 요청 시 거절당하고, 협업이 되지 않을까?

회사의 병폐가 무엇인가?

제조업을 하는 A사장은 근심이 많다. 젊을 때부터 일군 사업이고, 인생의 전부이기 때문에 애정이 많을 수밖에 없다. 초기에는 다들 자신의 일처럼 열심히 해주었다. 그 덕분에 빠른 성장을 할 수 있었고, 아직 중견기업은 아니지만 300명 넘는 임직원이 있고 500억 넘는 매출을 올리고 있다.

하지만 몇 년 전부터 회사에 이상한 기류가 흐르고 있다. 자신의 일이 아니면 하려고 하지 않고, 도전하려고 하지 않는다. 제조업의 특성상 어느 한 부서만 잘한다고 성과가 높은 것이 아니다. 전 공정, 전 부서가 하나가 되어 합심해야 하는데 이곳저곳에서 삐걱거리는 소리가 들린다. 초기 함께 일을 했던 본부장들과 회사의 이상 기류에 대해 이야기를 나눴다. 대부분 시대적 현상이라고 한다. 자신의 이익을 우선시하는 젊은 직원들의 워라밸, 주 52시간 근무가 가져온 적당주의, 개인과 조직의 이기심이 낳은 결과 아니겠냐고 한다.

다 맞는 이야기이다. 하지만 이곳은 학교가 아닌 기업이기에 문제가 무엇인가보다 어떻게 해결해 성과를 내야 하는지가 중요하다. 이에 대해 각자 방안을 가지고 다시 만나기로 했다. A사장은 몇 년 전부터 시행하고 있는 대리 이하 직급자 대상의 '주니어보드' 5명을 모이도록 했다. 이들에게 "회사의 병폐가 무엇인가?"라는 주제로 10가지를 정하고, 그 해법을 간략하게 적어 오라고 지시했다.

2주 후, 주니어보드는 10가지 병폐와 그 해법을 적은 보고서를 사장에게 보고했다.

병폐 중 사장이 눈여겨본 내용은 회사 전반적인 문화, 그중 소통 부재, 관계 중심의 업무 방식, 책임 전가, 형식적인 태도, 협업 불가능 등이었다. 왜 이렇게까지 되었을까? A사장은 주니어보드에게 각자 어렵겠지만, 허심탄회하게 회사의 현 분위기와 심정에 대해 이야기해 달라고 요청했다. 잠시 머뭇거리더니 한 명이 심각한 표정으로 말했다.

"대부분 팀원은 이곳을 평생직장이라고 생각하지 않습니다. 3~5년 이곳에서 역량을 강화해 업적을 쌓고, 더 좋은 회사로 이직할 생각뿐입니다. 이곳은 직원을 성장시켜 주는 곳도 아니고, 배울 수 있는 것도 한계가 있습니다. 상명하복, 보수적 위계 문화는 즐거움과 별개로 부담스럽습니다."

CEO는 아무 말 없이 경청한 후, "내가 무엇을 가장 먼저 해야 하는가?"라고 질문했다. 아무도 대답하지 못했다.

왜 요청 시 거절하고, 협업이 되지 않을까?

이 회사에서는 언제부터인가 조직장들 사이에서 공식적인 업무 요청도 거절하는 문화가 형성되었다. CEO의 직접 지시가 아닌 경우, 조직장 간의 업무 요청은 대부분 실행되지 않는다. 상황이 이렇다 보니, CEO 지시 사항에 의해 실시되는 협업도 계획대로 추진되지 않고, 서로 남 탓만 한다. 다행히 성공한 프로젝트는 그냥 넘어가지만, 실패한 프로젝트는 책임 문제로 시끄럽다.

요청한 부서의 조직장은 충분한 시간을 주고 자세히 요청했건만, 엉망으로 작업하여 일이 실패했다고 한다. 반면, 요청받은 조직장은 바쁜 가운데 일을 도와줬는데, 제대로 확인과 점검도 하지 않고 시간을 낭비한 것은 요청한 부서의 잘못이라며 화를 낸다. 팀원들은 이 모습을 한심한 표정으로 바라보며 이곳에서 더 있다가는 큰일 나겠다고 생각한다.

왜 요청을 거절하고 협업이 되지 않을까?

첫째, 인원은 적고 할 일은 많기 때문이다. 내 코가 석 자인데, 타 부서의 일을 도와주고 싶지만 도와 줄 여력이 없기 때문이다.

둘째, 전문성의 부족이다. 타 부서의 일을 처리할 만한 지식과 경험이 부족하기 때문이다.

셋째, 책임 소재이다. 사실 요청한 조직이 잘못에 대한 책임을 져야 한다. 바쁜 가운데 시간과 노력을 다해 도와준 조직과 담당자가 잘못에 대한 책임을 진다면 그 누가 돕겠는가? 조그만 일의 잘못에도 책임을 져야 하는 조직문화 속에서 도전과 협력은 요원하다.

넷째, 요청하는 조직장이나 담당자의 무례한 언행이다. 안 들어주면 무슨 큰일이 날 것처럼 강요 또는 협박하는 언행에 기분이 상해 안 들어줄 수 있다.

기타, 너무나 촉박한 일정이나 요청받은 부서의 일이 아닌 경우 등등이 있을 것이다.

어떻게 조직과 구성원에게 요청할 것인가?

사실 타 조직과 구성원에게 도움을 받는 것은 어렵지 않다. 조직과 구성원에게 인정과 존경을 받으면 된다. 단순히 업적과 역량이 뛰어나다고 해서 인정과 존경을 받지는 않는다. 기본적인 예절을 지키고, 올바른 인성과 전문성을 갖추며, 누구에게나 가까이 다가가 관심을 가져주고 마음이 통하는 사람이 되면 된다.

요청과 협업을 잘하는 조직과 구성원은 공통의 특징이 있다.

첫째, 거절하는 것을 당연하게 생각하고 매우 겸손하다. 거절 시, 얼굴이 달라지거나 CEO 지시 사항인데 이러면 안 된다고 협박하거나, 이유가 뭐냐는 식의 따지는 언행을 하지 않는다. 갑작스럽게 요청한 자신의 탓으로 생각하고, 하지 못하는 것이 당연하다고 생각하며, 오히려 불편과 부담을 주어 미안하다고 말한다. 거절하는 것이 당연하다고 생각하기 때문에 실제 거절을 당해도 기분 상하는 일이 없다. 더 중요한 것은 거절 후 할 사람은 자신 밖에 없기 때문에 마음의 각오가 되어 있고 바로 일에 매진한다.

둘째, 요청하는 순간보다 요청이 끝났을 때 더 아름다운 사람이 된다. 요청도 정성을 다해 매우 미안해하면서 부탁한다. 더욱 중요한 것은 요청한 일이 마무리되었을 때 감동을 받게 한다. 5만큼 일을 했는데, 10 이상의 감사와 보답을 받았다면 어떻게 되겠는가? 요청한 일이 속한 전체 프로젝트의 진행 상황에 대해 수시로 이야기를 듣는다. 프로젝트가 성공적으로 진행되고 있고, 잘 마무리되어 성과를 창출했다는 말도 듣는다. 중간중간 감사하다는 말과 최종 의사결정자가 도움을 준 것에 대한 감사 전화 또는 말을 한다. 최종 결과물이 보고서라면, 요청한 조직장이 완성된 보고서를 들고 와 도와준 부분을 강조하며 감사를 전한다. 도와준 팀을 사내에 널리 알려 일 잘하는 멋진 팀이라고 칭찬을 아끼지 않는다.

요청과 협업은 타인과 조직에 대한 관심이 없으면 안 된다. 진정성 있게 요청받은 사항에 대해 최선을 다해 주는 것은 기본이다. 사실 요청받은 일을 할 때, 남 일을 한다는 생각을 가지면 성과가 높을 수가 없다. 다 함께 회사 일을 하는 것이고, 일을 통해 성장한다는 마음을 가지고 있는 것이 중요하다. 도움을 요청한 조직이나 담당자가 감사하는 마음을 적극 표현해 알게 하는 것도 중요하다.

어서와~ 조직문화는 처음이지?

07

품성이 안 좋은 직원,
무엇이 문제인가?

품성이 안 좋은 직원이 기업에 미치는 영향

두 기사를 보며 설마 하며 놀란다.

하나는 기술력이 있는 중견기업 지원자의 언행이다. 면접 시간도 지키지 않고 도착해 급여를 묻더니, "나는 그 월급으로는 생활할 수 없다"라며 회사 임원에게 자존심 상하는 말을 남기고 일방적으로 나가버렸다고 한다.

다른 기사는 편의점 출근 첫날 2시간 만에 돈과 물건, 카드 충전 등 500만 원 상당의 피해를 주고 달아난 아르바이트생 이야기다.

100명의 조직에 단 한 명의 품성이 좋지 않은 직원이 있다면, 그의 무책임한 행동과 이기 및 말도 안 되는 언행으로 팀워크는 금방 무너진다. 적극적인 조치를 하지 않으면 성과는 고사하고 조직이 망가지는 결과를 초래한다.

품성이 안 좋은 이들은 자기 잘못은 하나도 없고, 전부 주변 타인의 잘못이라고 떠들고 다닌다. 이들이 조직에 미치는 안 좋은 영향은 셀 수 없이 많다.

① 10명의 품성이 나쁜 인력이 내는 성과는 1명의 성과 우수자만 못하다.
② 기업의 가치관 또는 원칙이 이들로 인하여 지켜지지 않는다.
③ 이들은 창의적이고 도전적인 일을 하지 않으며, 하는 사람의 뒷다리를 잡는다.
④ 품성이 안 좋은 이들에 대한 조직장의 관리 부담이 커져 조직 생산성에 해악이 된다.
⑤ 이들의 언행과 일 처리가 엉뚱한 방향으로 되어 회사의 이미지 실추와 고객에게 부정적 이미지를 줄 수 있다.
⑥ 이들과 갈등하지 않으려 노력하느라 다른 팀원들이 시간과 에너지를 허비하게 된다.
⑦ 이들에게 마음의 상처를 입은 직원들은 같은 팀에 있는 것을 힘들어한다.
⑧ 이들의 유지 결과는 그동안 쌓아온 신뢰를 잃게 하고, 나쁜 이미지가 타 팀원에게 전파된다.
⑨ 이들은 자신이 속한 조직의 일들을 타 조직과 구성원에게 전달한다.
⑩ 이들은 자신이 무슨 잘못을 했는지 생각하지 않는다. 오히려 이를 즐기는 듯하다.

어떻게 해결해야 하는가?

품성이 나쁜 직원의 가장 큰 문제점은 이들이 조직장이 되었을 때이다. 자신의 이익만을 추구하고, 타 조직과 직원에 대한 배려가 없다. 오직 자신의 잣대로만 의사결정을 하고, 직원들을 수단으로 생각한다.

회사 내 품성이 안 좋고 성과가 낮은 직원을 조치하기 위해서는 크게 3단계로 살펴볼 수 있다.

첫째, 근원인 채용의 개선이다.

직무 역량도 매우 중요하지만, 지원서와 면접 과정에서 품성(인성) 기준이 엄격하게 적용되어 회사에 맞지 않는 사람은 걸러져야 한다. 품성이 좋지 않은 사람이 입사하지 않은 것은 다행스러운 일이다. 믿고 채용했는데 조직에 해악을 준다면 고통이 될 수밖에 없다.

채용 담당자는 먼저 품성을 갖춘 사람을 선발해야 한다. 물론 짧은 시간에 올바른 사람을 구별하기는 쉽지 않다.

지원서에 회사에 부합되는 인재상이나 핵심 가치에 대한 질문을 통해 심사하고, 인적성 검사에 회사에 부합되지 않는 지원자를 걸러내는 장치를 마련하고, 무엇보다 여러 번 다양한 면접과 관찰을 통해 함께 근무하고 싶은 사람만 선발해야 한다.

채용 전 인턴이나 채용 후 수습 기간을 설정하고 주도면밀하게 살펴야 한다.

둘째, 입사 후 1년 동안의 조기 전력화 프로그램의 운영이다.

아무리 인원이 적어도 전사 차원의 입문 교육을 실시해야 한다.

회사의 연혁, 가치관과 문화, 사업의 특성과 제품, 조직과 제도, 선배 또는 조직 장과의 대화, 팀워크 활동 등을 통해 회사를 이해시키고 공동체 의식을 심는 것이 중요하다.

1년 기간의 우수 선배와의 멘토링을 통해, 일하는 방식과 사람 관계에 대한 경험과 지식을 쌓게 해주며 선후배 관계를 맺어주는 것은 필수적이다.

조직장의 관심과 참여는 기본이다. 직원의 육성 책임은 조직장의 기본 역할임을 부각하여, 1년 동안 강한 인재로 탈바꿈시켜야 한다. 첫 직장의 상사로부터 배운 것이 평생 영향을 준다고 한다. 조직장이 본을 보여 1년을 어떻게 이끌어 가는가에 따라 태도가 달라진다.

셋째, 저성과자 제도의 운영이다.

품성이 나쁘다는 이유로 퇴직을 시킬 수가 없다. 조직장 입장에서는 힘들고 미칠 일이지만, 함께 하는 동안 끌고 갈 수밖에 없다. 그렇다고 그 모든 책임을 조직장에게 지라고 할 수는 없다.

회사는 해당 인력의 변화를 이끌고, 타 임직원에게는 건전한 긴장감을 조성하여 한 방향으로 가도록 해야 한다. 이를 위해 저성과자 제도를 운영하여 이들에게 기회를 주고 개선되지 않으면 자신에게 맞는 새 직장이나 일을 찾도록 해야 한다.

품성이 좋지 않은 이들에게 상처받은 사람은 쉽게 낫지 않는다. 판자에 못을 박고 못을 빼냈다고 못 자국이 없어지는 것은 아니다. 조직과 구성원이 한 사람으로 인하여 힘들어한다면, 조직장 입장에서는 적극적으로 조치해야만 한다. 경영자가 되어 품성이 안 좋을 때는 정말 답이 없다.

08

왜 아무도
"NO"라고 못 하는가?

회장님의 호통

　8시 출근하여 자리에 앉자마자 전화벨이 울린다. 8시에 무슨 전화? 잠시 망설였다가 받으니 빨리 올라오라는 회장 전화다. '잘못한 것도 없는데 무슨 일인지.' 조금은 불안해하며 수첩을 들고 20층을 향했다. 비서의 표정이 굳어 있고, 빨리 들어가라고 한다. 자리에 앉으니, "김 팀장, 왜 임원들이 목표 의식도 없고 실행도 안 하며 주관도 없는 거야? 그 이유가 뭐라고 생각해?"라고 묻는다. 직장 생활하면서 이런 경우가 가장 당혹스럽다. 알지도 못하는 내용에 대해 어떻게 말할 수 있는 상황이 아닌데 말할 수밖에 없는 상황이다. "무엇이 회장님을 이렇게 분노하게 하셨습니까?"라고 물으니, 임원들이 목표를 달성하겠다는 절박감과 악착같음이 없다고 한다.

　김 팀장이 가끔 임원 회의에 배석하면 회장 혼자 목소리를 높이고 호통을 친다. "왜 그것밖에 못 했어?", "제조와 생산이 그렇게 협력이 안 되면 어떻게 하라는 거야. 영업의 김 전무와 생산의 이 부사장은 1주일에 몇 번 만나?", "지난주 내가 지시한 것이 왜 지금까지 보고가 안 되나?" 호통이 길어지고 질책이 이어지면 임원들은 고개 푹 숙이고 있다가 회의가 끝난다. 아무도 대꾸하는 임원이 없다. 회장은 답답하다면서 그다음 주에도 호통과 질책이 이어진다. 이런 아쉬움과 답답함이 쌓여서인가? 회장은 1달 이내에 임원들을 악착같이 변화시키라고 지시한다.

1달 안에 임원들을 변화시키는 것은 불가능하다. 그 자리에서 불가능하다고 말했다가 불똥이 튈 것 같아 일단은 나와 자리에 앉았다. 답답해진다. 팀원들이 한 명씩 들어오며 무슨 일이 있냐고 묻는다. 9시 반에 긴급 회의를 하자고 하며 고민에 빠진다.

미쓰비시 자동차 사례

미쓰비시 자동차는 2016년 연비 조작이 발각되면서 결국 르노 닛산에 매각되었다. 사실 미쓰비시는 이전에도 차량 결함을 은폐했다가 탄로 나는 바람에 회사가 휘청거린 적이 있었다. 위기에서 배우지 못하고 또 은폐하는 이유는 무엇일까? 2016년 연비 조작의 발단은 미쓰비시 조직문화가 "No"라고 말하는 것이 불가능하였기 때문이다. 시키는 것은 무조건 따라야 하는 문화였고, "왜 이것을 해야 하느냐"를 묻지도 못하는 문화였다. 자신에게 주어진 일은 그것이 회사에 심각한 피해를 줄 사안이지만, 담당자 선에서 끝내야 한다는 의식이 강했고, 최고 경영자에게 보고가 되지 않았다.

왜 잘못된 일을 보고하지 않는가? 담당자와 현장 부서에서 경영층을 신뢰하지 않기 때문 아닐까? 문제가 발생했을 때 보고하면, 문제를 일으킨 담당 부서와 담당자만 책임을 져야 하는 문화라면 굳이 경영층에 보고하지 않고 해결하려 하거나 은폐하려 한다. 사내 비판 의식은 현저히 떨어지고, 경영층은 현장에서 무슨 일이 어떻게 돌아가는지 모르기 때문에 위기에 제대로 대응할 수 없는 상황이 되고, 결국은 망한다.

왜 아무도 "No"라고 이야기하지 못하는가?

김 팀장 본인조차 노발대발하는 회장의 질책 중에 "1달 안에 임원들을 악착같이 변화시키는 것은 불가능하다"라고 이야기해야 했지만, 할 수가 없었다. 회장이 회사를 창업하여 가장 많이 알고 있고, 전 임직원을 채용했기 때문에 회장의 말은 곧 법이었다. 거기에 불같고 잘못된 것을 보지 못하는 성격이다 보니 실패라는 것을 생각하기가 어려운 분위기였다. CEO가 원인인 경우를 포함하여 많은 기업이 "No"라고 말하지 못하는 이유는 많을 것이다.

어서와~ 조직문화는 처음이지?

직장생활을 통해 "NO"라고 말 못 하는 이유는 다음과 같다.

첫째, 임원과 팀장 등 조직장들이 자신이 무엇을 해야 할지를 잘 모른다. 자기 조직의 비전과 전략을 수립하여 업무 속에 체질화시켜야 하는데, 이런 역할이 왜 중요한지도 모르는 조직장.

둘째, 사업의 본질과 제품의 가치 사슬에 대한 이해 정도가 떨어져 타 사업본부가 말하는 것이 어떤 파급효과를 주는지를 판단할 수 없는 상황.

셋째, 전문성이 떨어져 하는 일을 왜 하며 어느 수준까지 해야 하는 가를 인지하지 못하는 경우.

넷째, 단기 실적에 연연하여 무조건 자기 부서 이익만 생각하는 지시 일변도의 의사결정.

다섯째, 2년마다 순환보직에 따른 잦은 자리 이동으로 대충 하다가 다른 곳에 가면 된다는 의식.

여섯째, 토론이 중시되지 않는 일방적 지시와 연공서열과 가부장적 직위를 강조하는 관행.

일곱째, 길고 멀리 보며 방향을 정해 주지 못하고 하는 일만 하고, 시킨 일만 하라는 조직장.

여덟째, 내 일에 대해서는 그 누구의 간섭을 용인하지 않고 남의 일에 대해서는 절대 이야기하지 않는다는 사내 불문율.

아홉째, 절대 실패를 용인하지 않는 문화 등이 주요 요인이다.

어떻게 대처해야 하는가?

김 팀장의 멘토였던 김 사장은 상사와의 의견 차이가 있을 때 3번 원칙을 강조한다.

상사가 불합리한 업무 지시를 할 경우, 그 자리에서 그 일이 주는 중요성과 기대효과는 있지만, 해서는 안 되는 이유에 대해 예의를 갖춰 논리적으로 설명하고 상사의 의견을 묻는다. 이때 상사가 다 알고 있다면 지시한 것대로 하라고 하면 일단 그 자리에서 나온다. 이후 여러 안 되는 이유와 실패 사례를 중심으로 안 되는 이유를 체계적이고 설득력 있게 자료를 작성하여, 상사에게 재차 부당함을 강조한 후 상사의 의견을 파악한다. 이번에도 상사가 안 된다고 하면, 이 업무의 전문가 또는 이 일을 했을 때 영향을 가장 받을 조직장과 함께 들어가거나 의견을 받아, 3번 안 되는 이유를 설명하고 최종 의견을 듣는다고 한다. 만약 이번에도 지시대로 하라고 하면 리스크를 최소화하는 방안으로 일을 추진하되, 수시로 일의 경과와 결과를 상사에게 보고하고, 일이 잘못되었을 때는 본인 책임으로 가져가는 것이 담당자가 일하는 방식이라고 한다.

사실 보고만 잘해도 위기에서 벗어날 수 있다.

A회사의 김 상무는 매일 자신이 느낀 하루의 시사점을 글로 적어 상사에게 보고했다. 하루도 빠지지 않고 그날의 중요 추진 내

용과 시사점을 공유하다 보니 상사는 김 상무의 일을 훤히 알 수 있었고, 어느 수준에서 무엇을 하고 있는가를 인식하고 한 발 앞선 의사결정을 했다.

"NO"라고 말하게 하기 위해서는,

1) 조직과 구성원의 일에 대한 전문성이 매우 높은 수준으로 향상되어야 한다. 알아야 인식하고 주장하며 문제를 해결할 수 있다. 조직장인 팀장과 임원에 대한 역할과 사업 이해 그리고 조직관리에 대한 분기별 교육을 지속적으로 가져가야 한다. 교육으로 모이면 그 가운데 소통의 부수적 효과도 가져갈 수 있다.

2) 최고 경영자의 열린 자세이다. 위로부터의 변화가 되어야 한다. 경영자가 본을 보여 개방적 소통을 해야만 한다.

3) 제도의 개선을 통해 실패에 대해 장려는 어려워도 충분히 감안하여, 고의적 실패가 아닌 경우에는 엄한 처벌을 해서는 곤란하다.

4) 다름을 인정해야 한다. 각자의 살아온 과정이 다르고, 역량 수준이 다르므로 자기 수준으로 이야기하는 것이 아닌 타인의 수준으로 고려하여 일을 이끌어 가야 한다.

5) 잦은 만남과 열린 공간의 운영이다. 누구나 자유롭게 들어와 토론하고 부담 없이 나갈 수 있는 온라인 토론방과 함께 과제를 수행하는 데 도움을 구하는 집합 모임의 활성화이다.

사무국이 있어 원칙과 제도를 만들고, 점검하고 피드백해 주며, 조직장과 변화 전도사들을 교육하고, 잘된 사례들을 홍보해야 한다. 아무리 CEO가 관심을 갖고 있다 해도 추진 조직이 없으면 지속하기 어렵다.

어서와~ 조직문화는 처음이지?

09

나 아니면
안 된다

[사례 1] 재무 본부장의 인재 육성

A기업 인사 컨설팅을 진행할 때의 일이다.

구성원 의식 설문조사를 했는데, 유난히 재무 본부의 만족률이 전 항목에 대해 전사 평균보다 낮았다. 특히 육성과 관련한 긍정 응답률은 전사 긍정 응답률 75점에 비해 재무 본부는 5점이었다. 이 점수는 재무 본부 직원들이 역량 목표와 개발에 대해 관심이 없거나 불만이 많음을 나타내는 매우 낮은 점수였다.

재무 본부에 대한 인터뷰를 실시하면서 놀라운 사실을 알게 되었다.CEO는 재무 본부장에 대한 신뢰가 두터웠다. 책임감이 강하고 일에 대해 철저하며 추진력이 뛰어나다고 한다. 재무 본부의 팀장들에 대한 그룹 인터뷰에서는 서로가 눈치를 보며 말을 하지 않는다. 특히 본부장의 리더십에 관한 질문에는 노코멘트로 일관한다. 팀원 인터뷰는 개개인으로 진행했다. 차장과 부장은 총 3명, 과장이하는 직위별 2명씩 심층 인터뷰를 실시했다. 이들과의 인터뷰에서 도출된 결과는 충격적이었다.

1) 본부장이 자신과 경쟁상대가 될 만한 팀장은 곁에 두지 않는 다고 한다. 이전에 김 팀장이 덕망도 있고 전문성이 높은 재무통이었는데, 본부장이 다른 본부로 강제 배치를 했다고 한다.
2) 3명의 현 팀장들은 전부 팀장 1~2년 차로 이전에 재무 부서에 근무한 적이 없는 그렇게 유능하지 않은 관리자라고 한다.
3) 본부장이 중요한 일은 담당자에게 직접 지시해 보고받고, 결과에 대해서도 담당자에게만 피드백한다고 한다.

본부장은 똑똑할지 모르지만, 조직은 갈수록 수동적이 되고 활력은 사라지고 갈등만 높아지는 상황이었다.

[사례 2] 임원 대상의 6개월 합숙 교육

S그룹은 6개월 코스의 경영자 과정을 개설했다. 현직 임원을 대상으로 업무를 떠나 6개월 동안 합숙으로 진행되기 때문에 임원들 사이에서 이 과정은 임원 구조조정의 수단이며, 이 과정에 참가하는 임원들은 대부분 보직을 받지 못할 것이라는 소문이 회자되었다.

인원이 선정되고 교육이 진행되었다. 선발된 임원들은 뛰어난 성과를 창출한 유능한 부사장부터 임원이 된 지 1년밖에 되지 않은 이사까지 다양했다. 우려했던 저성과 임원들만 구성된 것이 아니었다. 6개월의 교육은 전략적 의사결정 사례 연구와 해외 벤치마킹까지 포함된 비용 높은 과정이었다. 6개월이 지난 후 승진하거나 핵심 부서로 배치된 임원들도 있지만, 몇 명은 보직을 받지 못하고 떠난 임원도 있었다. 교육 중 임원들이 받은 가장 큰 충격은 6개월 공백이었다. 조직에 자신이 없으면 조직이 망하거나 성과가 급격하게 떨어질 것이라 예상했는데, 아무 이상이 없기 때문이었다. 오히려 성과가 더 높아진 곳이 많았다는 점이 충격이었다.

수료한 임원들은 교육에서 얻은 사례 중심의 학습과 임원으로서 무슨 역할을 할 것인가에 대한 고민을 바탕으로 한 단계 수준 높은 리더십을 발휘하게 되었다.

내가 없어도 안 되는 일은 없다

관리자 또는 경영자가 되면, 자신이 없으면 담당하는 조직이 콩가루가 될 것이라는 생각이 많다. 자신이 모든 의사결정을 해야 하고, 출장을 가서도 불안해서 자주 전화를 한다. 일을 지시하고 불안한 마음에 중간 점검을 하면 자신의 기대보다 미비하거나 오류를 발견하게 된다. 속으로 점검하길 잘했다고 생각하고 이러한 경향은 더 심화된다. 하나에서 열까지 지시하고, 점검한다. 틀리거나 게으르면 호통을 친다. 이런 조직장의 공통점은 일이 줄지 않고 쌓여가며, 자신이 모든 일을 다 책임져야 한다는 생각을 버리지 못한다. 직원들이 똑똑하지 않고 열심히 하지 않는다는 생각까지 한다. 조직과 구성원들의 역량이 강화되기보다 갈수록 활력을 잃어 간다. 구성원들은 대충 일하거나 시키지 않은 일은 하려고 하지 않는다. 조직장이 다 고칠 것이라는 생각이 팽배하다. 시간이 되면 눈치 보며 퇴근할 준비만 한다. 회사에서 즐거움을 찾는 것이 아닌 회사는 생계의 수단이고, 즐거움은 밖에서 찾는다.

조직장은 방향과 전략을 제시하고 믿고 맡겨야 한다

조직장이 모든 일을 다 혼자 할 수 없다. 조직장은 머리가 바빠야 한다. 팔다리가 바쁘면 곤란하다. 조직장은 변화를 읽고 선제적 대응을 해야 한다. 사업과 회사의 현재와 미래를 바라보며 전략적 의사결정을 해야 한다. 비전과 전략, 중점 과제와 그라운드 룰을 만들어 구성원들을 한 방향, 한 마음으로 이끌 수 있어야 한다. 강한 실천을 강조하며 솔선수범하되, 조직장이 솔선수범하는 것은 의사결정이지, 자료를 수집하고 분석하며 문서를 작업해서는 곤란하다. 자신에 맡는 자신의 역할을 다해야 한다.

조직장이 없어도 되는 조직과 없어서는 안 되는 조직이 있다.

조직장이 실무 업무를 하고 있다면, 조직장이 없을 때 더 좋은 성과가 창출되며 팀워크가 강화된다. 조직장이 비전, 전략, 중점 과제를 중심으로 의사결정을 한다면 조직장은 없어서는 안 되는 존재가 된다. 조직과 구성원의 역량은 강화되며, 큰 성과를 창출하게 된다.

10

왜
공감하지 못하는가?

공감이란?

쌍둥이를 키울 때였다. 아내가 급하게 외출하면서 아기들 잘 보라고 신신당부를 한다. 알았으니 다녀오라고 하고, 아기들 분유를 주고 눈을 맞추며 놀아준다. 재미있게 놀다 한 명은 자는데 한 명이 울기 시작한다. 영문을 몰라 당황하고 있는데, 아내가 들어온다. 아내는 급히 아이를 살피고 기저귀를 갈아준다. 신기하게도 울음을 그치고 잠을 자는 아기를 보며 허탈해진다. 아내는 "애 좀 잘 보라니까 이게 뭐냐?"라고 말한다. 잘 보라는 것과 열심히 보라는 것은 다르다고 한마디 한다.

공감은 상대방에게 관심을 갖고 상대가 원하는 것을 읽어 함께 느끼며, 상대가 느끼는 기쁨뿐 아니라 슬픔과 고통도 온전히 함께해 주는 것 아닐까?

공감을 느끼지 못하게 하는 장애물

매주 월요일 CEO 주관의 경영 회의가 시작되면, 본부장의 표정에 웃음이 없다.

사장이 자리에 앉으면 영업 본부장부터 전주 실적과 금주 중점 업무를 설명한다. 사장의 코멘트 없이 제조 본부장의 설명이 이어지는 중, 사장이 질문한다. 제조본부장이 답변을 못 하면 질책이 쏟아진다. "본부장이 지금 무엇이 중요한지 모르나? 생각이 어디에 있느냐? 그렇게 하니까 불량이 이렇게 높아지며 납품 일정이 지연되지 않느냐?" 등의 질책이 10여 분 넘게 이어진다. 질책을 끝내고 어떻게 하겠다는 말을 듣기도 전에 마케팅 본부장에게 설명하라고 한다.

사장이 무엇을 지시했고, 무엇을 어떻게 해야 한다는 결론이 없다. 회의장은 무겁게 가라앉고 사장이 전하고자 하는 진정성은 없고, 아무 생각 없이 이 순간만 피하자는 분위기이다.

공감을 느끼지 못하게 하는 장애는 무엇일까?

첫째, 질책하며 공포 분위기를 가져가는 것이다.

노조와 임금과 단체협상을 할 때, 갑자기 노조 위원장이 "우리를 뭐로 보냐?"라며 소리를 지르고 컵을 던지며 책상을 내려친다. 노조 위원장의 공포 분위기 조성의 의도는 알겠지만, 공감할 수는 없다.

둘째, 충고하며 가르치는 행동이다.

"그것은 말도 안 되는 생각이다. 이렇게 해야 한다. 전부터 이렇게 했고 경쟁사도 이렇게 하고 있는데 왜 너만 다르게 생각하니?" 조직장에게 이런 말을 들으면 공감하며 새롭게 일을 추진하겠는가?

셋째, 중간에 말을 끊는 행동이다.

아들이 열심히 학교에서 일어난 이야기를 한다. 엄마 입장에서는 아들이 공부해야 한다고 생각하여, 아들이 이야기 중인데도 "그만, 너 공부할 시간 아니냐?" 한다. 신이 나서 이야기하는 아들은 바로 공부할까?

넷째, 의심하며 심문하듯이 물어보는 행동이다.

맞선을 보는 자리에 상대방이 나이, 학교, 성격, "왜 지금까지 결혼하지 않았느냐?", "직장은 어디이고 재미있느냐?" 등등 자신의 이야기는 하지 않고 개인 신상에 대해 쉬지 않고 질문한다면 좋아할 수 있을까? 남편의 핸드폰에 모르는 여자의 만나자는 문자에 대해, 심문하듯이 꼬치꼬치 물어보면, 아내가 걱정하여 물어본다는 생각이 들까?

다섯째, 동정하며 불쌍한 듯 대하는 행동이다.

실수로 일이 엉망이 되었을 때, 조직장이나 선배가 걱정해 주는 것이 아닌 바라보는 눈빛에 한심하다는 듯한 동정이 느껴지면, 걱정해 준다는 공감이 되겠는가?

여섯째, 무슨 말을 하는지 모를 정도도 장황하고 과장된 행동이다.

잘못했을 때, "이번에 네가 무엇을 잘못했는지 아니?" "예." "다음에 같은 잘못을 하지 않길 바란다."라는 말만 들었다면, 다음에 같은 잘못을 할 가능성과 다른 잘못을 할 가능성도 낮다. 하지만, 잘못한 것에 대해서 장황하게 이야기하고 이전 잘못부터 이 잘못으로, 나중에 이런 나쁜 사람이 된다는 말까지 언성을 높여가며 이야기를 듣는다면 어떨까? 다음에 같은 잘못을 할 가능성은 낮겠지만, 다른 잘못을 할 가능성은 더 높을 것이다.

마감 시간이 임박해 사장이 보고서를 찾는데, 담당자가 자리에 없고 타 부서 직원과 커피를 마시고 있다면 팀장으로서 무엇이라 하겠는가?

"이 과장, 빨리 와서 보고서 2부만 출력해 줘요."

"알았습니다. 잠시 후 가겠습니다." 하며 십여 분이 지나도록 자리로 돌아오지 않는다면, 어떻게 하겠는가?

상황 그리고 자신의 처지에 따라 상대방의 마음을 헤아려 듣고 공감하여 처신한다는 것은 쉽지 않다. 자신을 내려놓아야 하는 철저한 자기관리가 요구된다. 물론 상황을 빠르게 파악하여 문제 상황을 만들지 않는 문화를 가져가면 얼마나 좋겠는가?

11

'했다 주의'

'했다 주의'란?

A회사의 경영 회의에 참석하면, CEO의 매주 반복되는 지적이 '했다 주의'다. 말로만 했다고 보고하고 실제 점검하면 실천이 하나도 되어 있지 않다고 질책한다. 대충 하고는 했다고 하거나, 안전 불감증에 걸렸다고 지적한다. 대충 눈으로 판단하고 합격 처리하거나, 정확히 치수를 재야 하지만, 작업자 앞에 줄을 그어 놓고 제품을 대는 형식으로 요령을 피운다며 큰 일이라고 걱정한다. 일에 혼이 들어있지 않으니 불량이 나고, 일을 했지만 성과가 없다. 전형적인 '했다 주의'의 피해로 경영자들부터 정신 차려야 한다고 강조한다.

내 일이라면 이렇게 했겠냐?

A회사에서 많이 듣는 말 중의 하나가 "내 일이라면 이렇게 했

겠냐?"이다. 주인 없는 회사라고 대충 하면 된다는 생각이 있는가 보다. 가늘고 길게 근무하고, 급여는 꼬박꼬박 나오고, 때가 되면 성과급이 성과 차이가 크게 없이 지급된다. 밤늦게까지 일하는 사람이 주위의 눈총을 받는다. 이 회사의 생산직은 주어진 시간 이외의 일에 대해 별도 수당이 지급되기 때문에 업무 시간이 끝나면 전원 퇴근한다. 하지만, 영업직과 사무직은 특근 수당이 없다고 생각한다. 노사 협의로 특근 시간에 관계없이 기본급에 일정 금액 반영되어 있지만, 이것을 특근 수당이라고 생각하는 직원은 그리 많지 않다. 퇴근 시간이 되면 하나둘 퇴근을 한다. 특근 수당도 없는데 늦게까지 일하는 직원이 있으면 마음이 불편하기 때문에 이 직원에 대한 뒷담화가 많다.

상황이 이렇다 보니 성과가 좋을 수가 없다. 경영자 입장에서 일의 양도 중요하지만, 수준도 더욱 중요하다. 일의 질이 좋지 않으면 경쟁에서 밀릴 수밖에 없다. 제품처럼 눈에 확연하게 보이는 품질 수준은 아니지만, 보고서의 틀이나 내용을 보면 정성을 다해 잘 쓴 보고서인가, 영혼 없이 마지못해 쓴 보고서인가 알 수 있다. 보고서를 보면, 그 사람의 일에 임하는 마음가짐과 직무 수준을 알 수 있다. 담당자는 일을 끝냈다고 하지만, 일에 혼이 들어 있지 않거나, 하는 일 없이 배회하는 직원을 보면, 첫마디가 "내일이라면 이렇게 하겠느냐?"이다.

'했다 주의'가 없는 회사

'마이다스 아이티'를 다녀왔다. 인사 평가 솔루션 프로그램을 개발하고 있었다. 이 프로그램을 개발하는 취지가 기업의 육성을 강조한 평가 프로세스 설계이다. 평가의 종류, 단계별 평가뿐 아니라 조직과 구성원의 평가를 위한 관찰과 면담 피드백을 통해 육성을 가져가겠다는 생각이다. 이러한 생각이 평가 프로세스별 중점 포인트와 함께 시스템으로 구현되도록 일하고 있었다.

프로그램을 지켜보며, 개발자들의 눈을 바라본다. '해낼 수 있다는 자부심과 해내겠다는 열정이 가득 찬 살아있는 눈빛'이었다. 2시간 가까이 피드백을 주는데 흔들림이 없다. 하나하나 기록하며 궁금한 것을 묻는다. 인사에 대한 부족한 지식은 질문하고 배워가며 프로그램을 완성시켜 가고 있었다. 담당자들이 일에 의미를 부여하고, 해내겠다는 생각이 강해 하나라도 더 알려주고 싶다는 생각과 내가 프로그램 설계에 대한 지식이 있었다면 하는 생각이 들었다. "가르치는 사람이 알려주면서도 뿌듯함을 느끼기가 얼마 만인가?" 스스로에게 질문하며 감동의 시간을 갖게 하였다.

사실 '했다 주의'는 경영자의 언행에서부터 비롯된다.
직원들은 경영자의 언행을 보며 따라 하는 경향이 있다. 경영자가 길고 멀리 보며 방향과 전략을 수립하고 강하게 솔선수범하며 실천해 나가면, 실천하는 조직문화가 뿌리 깊게 자리 잡는다. 하지만, 앞에서는 하라고 하면서 뒤에서 자신은 하지 않거나, 이익되는 일은 맨 앞에서 취하고, 대충 일하고 심한 경우 자고 있는 경영자를 보면, 직원들은 '이 또한 지나간다'라는 생각으로 더 대충대충 일한다. 경영자는 직원의 본이 되어야 한다. 경영 환경의 극심한 변화를 사전에 읽고 선점하며 악착같은 실행을 솔선해야 한다. 조직과 직원의 역량과 성과를 관찰하고 지도하여 성장하게 하는 경영자에게 '했다 주의'는 눈에 보이지 않는다.

12

'좋은 것이
좋은 거야'

하인리히 법칙

1920년대 하인리히는 75,000건의 산업재해를 분석하고 하나의 재미있는 '1:29:300 법칙'을 주장한다. 산업재해 중 1번의 큰 재해가 발생했다면 그 전에 같은 원인으로 29번의 작은 재해가 발생했고, 재난은 피했지만 같은 원인으로 300번의 작은 사건이 있다는 논리이다. 이를 역으로 생각하면, 불안전한 상황이나 이상 징후에 대해, 초기에 원인을 정확하게 파악하여 신속하게 대처했다면 큰 사고나 재해로 이어지지 않을 수 있다는 교훈을 얻을 수 있다.

건물 붕괴, 비행기 추락, 화재 사고, 공장의 폭발, 댐 붕괴, 전쟁과 금융대란 등 많은 사건 사고에서 우리는 숱한 위험 요인을 사전에 발견했음에도 방치하거나 무시한 사례를 볼 수 있다. 그런데 왜 조직이나 사람들은 불안전한 상황이나 이상 징후에 신속하고 적극적인 조치를 하지 않을까?

A회사의 성과급 반납 사건

중견기업인 A회사는 매년 평가가 끝나면 그 결과에 따라 비교적 폭이 큰 차등 성과급을 지급한다. 12월 20일경이 되면 인사 부서에서 업무 연락을 통해 전체적인 연말 평가 계획을 공지한다. e-hr을 통해 이루어지는 평가 절차는 아래와 같이 진행된다.

❶ 개인의 본인 평가 입력
❷ 1차 평가자의 면담과 평가 입력
❸ 2차 평가자의 평가 입력
❹ 인사 부서의 평가 기준 적합성 조사 및 조정
❺ 평가 위원회를 통한 확정
❻ 개별 통보
❼ 이의신청 접수 및 종료

인사 부서는 전산시스템을 점검하고 사전 시행을 하는데 여러 번 에러가 발생한다. 하나를 수정하면 다른 에러가 발생하고, 결국 며칠에 걸쳐 에러가 없게 되었다. 2번을 실시하고 시스템을 열고 평가를 실시했다. 개인의 본인 평가 기간이 끝나 평가자에게 보내기 전 확인하니 2명이 실시하지 않았다. 인사 부서가 연락을 취하니 대상자는 마친 상태였고 에러였다. 기간이 촉박하여 수작업으로 수정하고 1차 평가를 실시했다. 현업 조직장과 협의하여 문제가 되는 것은 수작업으로 조정해 1차와 2차 평가를 마치고,

본부별 등급 가중치 부합 여부를 확인하는 과정에서 이상한 수치가 있었지만, 큰 영향이 없기에 평가 위원회에 보고하였다. 평가 위원회 보고는 시스템이 아닌 PPT 보고서로 하였고, 위원회를 통해 등급이 바뀐 사람은 약 1% 정도였다. 담당자는 수작업으로 등급을 조정하고 시스템을 최종적으로 돌려 확정했다. 담당자는 지금까지 수작업하면서 수정 전 자료를 별도 관리하지 않았다. 시스템을 열어 개인이 평가 결과를 보게 하였고 이의 신청 기간이 지났지만, 아무도 이의 신청을 하지 않았다. 평가 결과에 따라 성과급이 지급되었다. 성과급이 지급된 후, 최고 등급인 S라 생각한 직원이 보통의 성과급을 받게 되자 퇴직서를 신청했다. 한 직원의 양심선언으로 무엇인가 이상을 느낀 인사 부서의 점검 결과, 평가 프로그램 이상으로 결과가 잘못되어 있음을 알게 되었다. 본인 평가부터 1, 2차 평가 결과가 실제 자신이 한 것인지 알 수 없게 되어 결국 페이퍼로 평가를 다시 할 수밖에 없는 상황이 되었다.

담당자는 왜 프로그램이 이상이 있다는 것을 보고하지 않았을까? 인사 조직장은 평가 프로그램을 왜 한 번도 들어가 확인하지 않았을까? 개인들은 자신의 잘못된 평가 결과에 왜 이의제기를 하지 않았을까? 보상이 나가기 전 개인의 평가 결과를 다시 한번 확인하지 않았을까? 왜 조직장은 팀원의 평가 결과와 성과급을 확인하지 않았을까?

어서와~ 조직문화는 처음이지?

사건, 사고가 일어나게 하는 원인

사건, 사고를 보면 사실 근원적인 원인을 찾지 못하고 보이는 것에 대한 조치로 마무리하는 경우가 있다. 새 떼들에 의해 비행기가 추락했다면, 원인을 새 떼가 날아올라 엔진이 멈췄다고 결론짓고 마무리한다. 사전에 많은 징후가 있었을 것이다. 또한, 새 떼에 대한 이상 징후 감지, 기장과 부기장의 비상 조치, 관제탑의 상황 조치 등 사전에 막을 수 있는 여러 방법이 있었을 것이다. 빌딩이 갑자기 무너졌다. 튼튼하던 빌딩이 폭발물이나 천재지변이 아니고는 그냥 무너지지 않는다. 심각한 균열이 있거나, 부실이었거나, 파손이 있어 하중을 견디지 못해 무너져 내렸을 것이다. 내리기 전까지 수없이 위험을 알렸을 것이다.

대부분의 사건, 사고는 원인은 광범위하고 다양하다. 한 가지로 규정짓기에는 어려움이 있다. 다양한 원인 중에 일부는 지금까지 해왔던 좋은 것이 좋은 거야 하는 안일한 생각이나 문화에서 찾을 수 있다. '지금까지 아무 문제 없었는데 무슨 일 있으려고', '다 괜찮을 거야', '말해봤자 분명 한마디 들을 거야', '시간도 촉박한데', '남들도 다 하는데' 등의 좋은 것이 좋은 거야 하는 생각이 사고를 크게 한다.

기업이나 조직 내에는 이와 비슷한 문화가 있다. 무조건적인 복종 문화, 직책자의 권위에 도전하거나 저항하지 않는 문화, 일률적인 규정이나 지침에 대한 무조건적인 준수, 개인의 의견이나 행동보다는 집단 중심의 사고와 행동, 자신과 자신이 속한 조직만 잘되면 된다는 끼리끼리 문화, 말해봤자 안 되고 자신만 손해 본다는 문화 등이 대형 사건, 사고를 만든다.

어떻게 할 것인가?

어릴 적, 처음 자전거를 배울 때를 생각해 본다. 두렵기도 하였지만 달리고 싶은 열정이 강했다. 수없이 넘어지고 또 넘어져 다치고 상처가 난 후 요령을 터득하고 잘 탈 수 있었다. 처음부터 잘 타는 사람은 없고 많은 노력과 개선이 이루어져야 한다. '좋은 것이 좋은 거야' 생각하고 행동하는 조직과 사람들에게서 사건, 사고의 방지는 고사하고 변화와 혁신을 이룰 수는 없다.

첫째, 귀를 열고 침묵의 소리를 들을 수 있고 할 수 있는 조직 분위기 조성이다. 자신이 하는 일의 문제 제기를 언제든지 할 수 있는 분위기가 되어야 한다. 임직원들이 무엇이 중요하고 무엇이 문제이며 일의 본질과 의미가 무엇인가를 명확하게 알고 있어야 한다.

둘째, 리더의 적극적인 참여이다. 자신이 손해 보거나 피해 보는 것을 좋아하는 사람은 없다. 피할 수 있다면 피하려고 한다.

리더의 마음가짐과 언행이 이러한 행동을 더 고착시킬 수 있기도 하고 공유하게 하기도 한다. 리더의 인성과 겸손함, 관심과 경청, 구성원이 이야기를 할 수 있는 제도적, 비제도적 장치를 만들어 참여하게 해야 한다.

셋째, 임직원의 문제 제기와 실패에 대한 가치를 인정하고 활용해야 한다. 문제 제기에 비판이나 질책이 아닌 경청과 가치를 인정하고, 좀 더 길고 멀리 보는 미래 지향적인 사고를 가져가도록 해야 한다. 사전 조치의 중요성을 강조하고 이를 실천하게 해야 한다. 듀폰의 안전 가치와 같이 스스로 자발적이고 주도적으로 당연히 해야 하는 일이 되도록, 모두가 하나가 되어야 한다.

13

신상필벌,
상은 있고 벌은 없다

망한 기업은 이유가 있다

기업 청산과 회생을 전문으로 하는 지인과의 만남에서 '왜 기업이 망하는가?'에 대한 여러 이야기를 들었다. 법원에서 일을 하는 지인은 망하는 기업을 가서 실태 조사를 하면 3가지 특징이 있다고 한다.

첫째, 친인척의 높은 비중과 신상필벌이 적용되지 않는다. 아내와 아들딸은 물론이고 동생, 조카들이 회사의 고위직으로 있다고 한다. 친인척이 회사에 근무하면 로열티가 높아 더 솔선수범하여 문제를 찾아 개선하고, 조직과 구성원의 역량을 높이며, 성과를 올릴까? 망하는 많은 회사들은 능력이 없는 CEO의 친인척이 높은 직책, 높은 연봉을 받으면서 출퇴근은 물론 기강을 해이하게 하는데, 직원인 내가 왜 열심히 해야 하는가, 자괴감에 빠지게 한다. 이들의 잘못에 대한 질책이나 벌은 없다. 회사에 기여하는 일은 적은데 연봉, 좋은 차, 넓은 사무실이라는 상을 받는 것을 보며 직원들은 어떤 생각을 할까?

둘째, 누구나 알고 있는 그러나 CEO만 모르는 부정부패가 심각했다.

지인은 한 청산 절차에 들어간 회사를 방문하여 회계 장부, 구매 기록, 납품업체 사장과의 면담을 통해 새 제품을 구입한 것처럼 장부는 되어 있지만, 실제 들어온 제품은 중고였다는 점을 찾아냈다. 3일도 안 되어 회사 곳곳에 부정이 자행되고 있음을 알게 되었지만, CEO는 이 사실을 모르고 있었다.

셋째, CEO의 전략 부재이다.

청산하는 기업의 CEO가 회사를 살리겠다는 열정이 생각보다 없는 것에 놀랐다고 한다. 자식이 위험에 빠져 있다고 하면 무슨 일을 해서라도 자식을 구하려 할 것이다. 무릎을 꿇고 죽으라면 죽는 시늉도 할 것이다. CEO에게 회사는 자식과 같은 존재일 것이다. 이러한 회사가 위기에 빠졌는데, 회생 전략도 없고 의지도 없다. 이미 희망이 없기 때문에 포기한 탓도 있겠지만, 그 이전부터 경영에 대한 기본 마인드와 역량이 떨어져, 환경의 변화와 경쟁자에 대한 분석도 없이 지금까지 해온 방식을 그대로 고수한 것이 아닌가 생각된다. 지인은 아버지의 사업을 이어받은 자식의 문제가 크다고 한다. 고생 없이 자란 30대의 CEO에게 근면성실, 솔선수범을 기대한다는 것 자체가 쉽지 않다. 지인은 자식에게 사업을 물려줄 의사가 있는 CEO들은 자식이 본인의 회사에 입사하기 전, 다른 회사에 3년 정도 근무하여 직원들의 애환을 경험하고 오도록 하라고 당부한다.

신상필벌 원칙과 적용이 명확해야 한다

A회사 건설 현장에서 협력업체 직원의 추락사가 발생하였다. 공사는 촉박한 공기로 밤낮없이 진행되었고, 건설회사는 모든 공정을 협력업체에 맡기고 공기를 재촉했다. 안전관리는 당연히 소홀하게 되었고, 자신의 안전은 자신이 지켜야 한다는 분위기였다. 무리한 공사 일정과 인력수급이 제대로 되지 않아 결국 추락사가 발생하였고, 건설회사와 협력업체는 쉬쉬하며 사건을 축소하려고만 했다. 지역 언론에 기사화되고, 청원이 이어지며 책임론이 부각되었다. 건설회사는 모든 공사의 책임을 협력업체에 돌렸고, 결국 협력업체의 공사 현장 책임자가 모든 책임을 지는 선으로 마무리되었다. 이후 공사는 진행되었고, 공기 안에 마무리되어 건설회사의 수주와 공사 관계자는 포상을 받게 되었다. 안전은 뒷전이고, 사고가 나더라도 공사 현장의 협력회사 탓이며, 결과에 대한 보상만 받으면 된다는 이 건설회사는 지금 망했다.

B회사의 연구실은 스마트폰을 가지고 들어갈 수 없는 곳이다.

모든 연구직은 물론 이 연구실에 입장하기 위해서는 별도의 장소에 스마트폰을 놓고 입장해야만 한다. 이 룰은 엄격하게 지켜졌다. 하루는 CEO가 장관과 국회의원 및 기자단과 함께 이 연구실을 찾았다. 연구실장은 전원에게 스마트폰을 놓고 입장하도록 요청했다. 하지만, 일부 방문자가 사진을 찍어 신문에 기사화되었다. 회사는 그 누구도 처벌하지 않았다. 초청한 CEO, 철저하게 확인하지 않은 연구실장, 사진을 찍도록 빌미를 준 현장 관리자 등 아무도 처벌을 받지 않았기에, 지금은 스마트폰을 지참할 수 없다는 룰은 있지만 연구원의 스마트폰 지참은 일상화되었다.

C회사의 경영본부장은 CEO 1순위였는데 갑자기 사직서를 제출했다. 3년 전 자신이 담당했던 영업본부에 회계 부정 사건이 발생하여 회사에 수십억 원의 손해를 끼치게 되었다. 회계 부정은 5년 전부터 시작되었고, 그 금액이 누적되어 최근 특별감사에서 밝혀진 것이다. 영업지점들의 조직적이고 대규모 부정 사건이었기 때문에 그 파장은 클 수밖에 없었다. 경영본부장은 자신이 영업을 담당했던 시기에 발생하였기에 자신의 책임이라며 모든 책임을 지며 퇴직하겠다고 결정한 것이다. 영업본부장에서 경영본부장으로 자리를 옮긴 지 3년이 지났지만, "경영자는 자신의 잘못에 대해서는 무한 책임이다"라는 말을 남기고 퇴직했다. 이 일을 계기로 C회사는 자신의 일에 대해 책임지는 문화가 형성되었다.

"성과가 있는 곳에는 보상이 있다"라는 원칙, "잘못이 있으면 벌이 있어야 한다"라는 원칙과 차별 없는 실행은 매우 중요하다. CEO이고 친인척이기 때문에, 고위직이기 때문에 나는 이 정도는 할 수 있다는 생각은 매우 위험하다. 회사가 원칙과 룰로 정한 것은 반드시 지켜져야 한다. 해야 할 일은 반드시 하고, 하지 말아야 할 일은 그 어떠한 경우가 발생해도 하지 않아야 한다. 올바르게 행해 성과가 있으면 그 성과는 공정하게 배분되어야 한다. 잘못했으면 그 잘못에 대한 책임을 지게 해야 한다. 원칙이 서야 말과 기강이 선다. 이러한 생각과 행동이 조직문화가 되어 실행되고 계승되어야 한다.

　　　　　　　　어서와~ 조직문화는 처음이지?

14

의사소통이 안 되는 조직의 10가지 특징

기업의 의사소통은?

소통의 사전적 정의는 '서로 통해 오해가 없음', '막히지 아니하여 잘 통함'이다. 이 정의에서 '무엇을, 어떻게'라는 생각을 하게 된다. 기업 경영에서의 소통은 '고객과 기업, 조직 내부의 다양한 조직 간, 임직원들이 원활히 의사소통하는 것'을 의미한다. 단순히 의사소통뿐만 아니라 정보, 지식, 경험, 물리적 자원 등이 막힘없이 잘 흐르는 상태이다.

소통이 잘된다는 조직과 사람은 매우 적다. 잘된다는 회사를 방문하면 경영층의 말에 일사불란하게 움직인다. 상명하복의 문화가 내재화되어 있다. 자신이 내린 결정이나 지시한 사항이 신속하게 처리되는 모습을 보며 소통이 잘된다고 경영층은 생각할 수 있다. 직원들 입장에서는 어떨까? 자신이 생각한 바를 언제 어디서나 불이익을 받지 않고 말하며 행동할 수 있다고 생각할까? 시키는 것만 잘하면 된다는 생각이라면, 소통이 잘되는 회사이며 지속적으로 성장할 수 있을까?

성장하는 기업은 소통의 중요성을 무엇보다 강조한다.

소통의 중요성은 크게 4가지 관점에서 찾아볼 수 있다.

첫째, 집단 창의성을 강화한다. 직원들이 열린 소통을 통해 각자의 생각을 자유롭게 전할 수 있다. 이 과정에서 작은 아이디어가 더 구체화되고 창의적인 아이디어로 발전하게 한다.

둘째, 조직 시너지가 배가된다. 소통은 사일로 현상이 존재하는 각 조직과 기능 간의 상호 협력과 시너지를 강화시킨다. 이 과정에서 R & R(역할과 책임) 갈등이 많이 사라지며, 불필요한 자원의 낭비도 줄어들게 된다.

셋째, 신뢰 문화의 구축이다. 소통을 통해 타인의 역할이나 애로사항을 알게 되며, 서로 믿고 존중하는 문화가 구축된다. 무엇보다 불필요한 오해와 갈등을 줄일 수 있다. 신뢰 구축으로 회사가 지속 성장을 할 수 있는 굳건한 발판이 되게 된다.

넷째, 고객 감동을 강화하는 계기가 된다. 열린 소통을 통해 고객이 원하는 가치를 파악하고, 우리의 수준을 명확하게 알 수 있다. 고객이 원하는 가치를 제공하는 데 큰 기여를 한다.

회사와 개개인은 이러한 소통의 중요성을 잘 알고 있으면서, 소통이 되지 않는다.

6시 퇴근인 회사에서 5시 반에 팀장이 사장에게 호출되어 갔다. 지시를 받고 내려온 팀장은 팀원들을 회의실로 모이라고 한다. 5시 45분. 팀장은 사장이 지시한 사항을 설명하며 각자 어떻게 하면 좋을까, 아이디어를 내라고 한다. 팀원들의 표정은 어떨까? 누가 건설적인 아이디어를 낼까? 아무도 말을 하지 않고 회의 탁자만 바라보고 있다면 팀장은 어떤 조치를 할 것인가? 가내 수공업처럼 전후좌우 횡으로 자유로운 열린 소통을 해야 하는데, 왜 우리는 회의와 업무 시간에 침묵으로 일관할까?

의사소통이 안 되는 회사들의 특징

A회사 조직문화를 컨설팅하면서, 직원들의 의식 수준을 진단했다. 예상했던 것과 같이, 인사 영역과 소통과 협업에 대한 항목의 만족도가 타 영역에 비해 현저하게 낮은 수준이었다. HR과 관련된 자료는 인사 팀에 전달했고, 소통과 협업에 관련해서는 직급별 집단 인터뷰를 실시하였다. 인터뷰에서 의사소통이 안 되는 수많은 의견을 30가지로 정리하였다. 이를 중심으로 구성원 설문을 실시하여 의사소통이 안 되는 10개 항목을 도출하였다.

❶ 내부 육성 인력과 외부 영입 인력의 이질적 속성이 하나가 되지 못함
❷ 한 건 한 건이 힘들게 진행되는 등 일이 매우 늦게 진행되고 있음
❸ 책임을 지지 않으려는 분위기로 의욕 없이 마지못해 회사에 다니고 있음
❹ 위급하고 긴급한 상황에서 합심해도 부족한데 조직 이기가 존재함
❺ Data에 의한 명확한 결정이 아닌 감에 의해 지시하는 경향
❻ 도전, 응집은 옛 문화이고, '나를 따르라고 하면 너 먼저 가'라는 식으로 일에 대해 서로 미룸
❼ 이대로는 안 된다는 인식만 직원들 사이에 회자되고 있음
❽ 경영층 의사결정의 지연으로 실행의 어려움 증가
❾ 모두가 사장 지시 사항이라며 일 부여 및 독촉
❿ 방향, 큰 그림, 틀 없이 마감만 있는 상명하달식의 업무 지시

리더에게 권하는 단 한 가지

소통을 잘하는 리더는 '직원 개개인에게 관심을 갖고 진정성 있게 그들이 성장하기를 바라는 마음에서 적극적으로 소통'한다. 리더의 진정성이 직원들 마음속에 간직되어야 한다. 내 마음속에서 존경하는 롤 모델이라면, 그가 어떤 어려운 요청을 해도 기꺼이 실행할 마음이 되어 있다. 리더 입장에서는 어떻게 존경받는 롤 모델로 간직되는가 고민하고 노력해야 한다.

직장 생활을 하면서 소통을 잘하는 리더들의 공통된 하나의 특

징이 있다. 그것은 바로 '심리적 안정감'이다. 이들은 직원들에게 '그 어떠한 언행을 해도 자신에게 피해가 오지 않는다'라는 신뢰를 심어준다. 이들은 직원들 한 명 한 명이 다름을 인정하고, 공통점을 찾아 확대해 가는 강점 강화 전략을 가져간다.

15

생산성이 낮은 조직의
10가지 특징

워크 스마트(Work Smart) & 스마트 워크(Smart Work)

조직문화 개선을 위해 많은 기업이 노력한다. 가장 바람직한 기업문화는 CEO와 전 임직원이 한마음이 되어 한 방향 정렬되어 회사의 비전 달성을 위해 매진해야 한다. CEO가 바라는 조직문화는 일하는 생각과 방식의 전환을 통한 생산성 향상과, 강한 회사가 되고자 하는 바에 관심이 높다. 반면, 구성원은 안정적이고 조금은 자유롭게 소통하며 일하는 조직문화를 바란다.

CEO가 바라는 조직문화가 워크 스마트에 비중이 높다면, 구성원들은 스마트 워크에 관심이 높다.

30년 전, CEO가 실무를 담당하여 일을 배우는 시대의 환경과 가치는 지금 직원들이 생각하는 바와 격차가 심하다. '내가 조금 더 강하게 지시하고 밀어붙이면 직원들은 알아서 하겠지'라는 과거 생각으로 추진한다면, 직원들의 불만은 높아지고 심한 경우 퇴직이 이어질 것이다.

기업이 지속 성장을 하기 위해 생산성 향상은 매우 중요하다.

만약 기업이 계속 유지 수준을 가져간다면 어떻게 될까? 기업 환경은 매우 빠르고 복잡하며 모호하게 변한다. 불확실성이 강한 환경 속에서 시장과 고객들의 욕구는 수시로 변화한다. 이에 발맞춰 많은 기업들은 개선하고 도전하여 새로운 가치를 창출해 낸다. 머물고 있으면 변화의 속도를 따라잡을 수 없고, 앞서가는 기업들과의 격차는 벌어질 수밖에 없다. 궁극적으로는 망한다.

CEO는 부단한 변화에 대한 선도적 조치를 기대하며, 기존 제품과 서비스에 대한 개선과 혁신을 요구한다. 생산성 향상을 통한 새로운 가치와 성과를 창출해야만 성장할 수 있다. CEO가 원하는 조직문화는 회사의 강한 성공 DNA는 계승 발전시키고, 새로운 가치를 창출하는 문화를 만드는 것이다. 성장하고 이익을 창출하는 기업이 강한 기업이고, 강한 기업의 문화가 CEO가 지향하는 문화의 핵심이다. 이를 위한 한 방향 정렬, 열린 소통이지, 조직과 구성원의 자유롭고 편안함을 위한 정렬과 소통이 아니다. 일 그 자체의 혁신을 통한 생산성, 가치, 이익의 창출이 CEO가 바라는 워크 스마트의 핵심이다.

생산성이 낮은 회사들의 특징

A회사의 업무 진행 상황을 지켜보았다. 협업이 되지 않고 도전

적인 과제를 맡으려 하지 않는다. 당연히 악착같이 실행하기보다는 대충, '했다 주의'가 팽배되어 있다. 이유가 무엇일까?

대리와 과장급 고과 상위 10%에 해당하는 인력 10명을 선정하여 FGI(Focus Group Interview)를 실시하였다. 먼저 20개의 원인을 찾고, 20개에 대한 각자 10명의 설문을 받아 분석하였다. 100명의 설문 결과와 10명 선발 인원의 면담을 통해 생산성이 낮은 이유 10가지를 도출하였다.

❶ 보고서 작성과 검토에 너무 많은 시간과 노력을 소비한다.
❷ 업무 시간에는 회의를 하고, 팀원이 퇴근한 다음 팀장이 보고서를 작성한다.
❸ 실행보다 계획과 점검에 너무 많은 의사결정이 이루어진다.
❹ 하면 안 되는데, 알면서도 해야 하는 상황이 많다.
❺ 회의는 많은데, Data 기반 논리를 가진 합리적 회의가 되지 못한다.
❻ 자료 작성, 자신의 주장이 사실 중심의 Data가 아닌 지나치게 직감이나 경험에 의존한다.
❼ 본인 주장만 하니 불필요한 논쟁으로 결정이 안 되고 시간만 낭비한다.
❽ 선/후공정에 대한 배려와 인식이 부족하다.
❾ 조직별 실적 달성, 책임 추궁에 대한 압박으로 조직 간 공유와 협업이 어렵다.
❿ CEO 지시 사항이라고 하며 일을 지시하거나 독촉한다.

　　　　　　　　　어서와~ 조직문화는 처음이지?

생산성이 높은 조직의 특징

생산성이 높은 조직은 CEO의 방향 제시와 의사결정이 신속하고 명확하다. 얻고자 하는 바와 성과에 대해 분명하게 제시한다. 전사적 관점에서 판단하며, 자신이 추구하는 바에 해당되는 임원들을 한자리에 모이게 하여 분명하게 업무 분장을 해준다.

관리자인 임원과 팀장들의 실행력이 돋보인다. 이들은 행하면서 생각한다는 사고가 강하다. 열린 소통을 통해 일의 시작부터 중간중간 진행 상태를 공유한다. 이슈 발생 시 전체가 모여 현황 파악과 해결 방안을 결정한다.

실무자들은 객관적 사실 중심의 Data로 문제를 파악하고 해결한다. 이들은 일을 수행함에 있어 중요성, 긴급성, 해결 가능성을 갖고 합리적으로 판단한다. 옳지 않은 일에 대해서는 아니라고 분명히 이야기한다.

조직 전체에 심리적 안정감이 충만 되어, 어떤 회의에서도 자신이 한 주장에 대해 피해를 볼 것이라는 생각이 없다. 이들은 일을 수행하면서 철저하게 회사가 정한 원칙과 가치를 준수하려고 노력한다. 일에 대한 자부심과 주도적 업무 수행을 강조한다. 이들은 절대 'CEO 지시 사항'이란 말을 사용하지 않는다. 자신이 수행하는 일은 자신의 업무이며, 일을 통해 성과를 창출해야 한다는 생각이 강하다.

강한 조직문화를 만드는 30가지 비결

01

멀리 가려면
함께 가라

김 팀장의 임원 승진 탈락

작년 임원 승진에 탈락했던 김 팀장은 업적으로 보면 팀장 중 최고 수준이다. 까다롭기로 소문난 A공사의 수주를 땄다. 당시 3주의 제안서 작성 기간 동안 사무실에서 숙식하고, A공사에 10번 이상 방문하여 세심한 부분까지 반영했다는 것이 평가자의 의견이었다. 개인 매출 1위를 달성하였고, 영업 이익 1위도 달성해 임원에서 탈락한 것이 구성원들에게 회자될 정도였다.

금년도 김 팀장은 다른 팀장은 하나의 프로젝트도 버거워하는데, 3개의 프로젝트를 마무리했다. CEO가 관심을 갖고 있던 전사 메가 프로젝트 PM 역시 김 팀장이었다. 프로젝트를 수행하는 김 팀장은 철두철미했다. 팀원들의 조그만 실수를 용납하지 않을 정도로 점검하고 관리해 나갔다. 프로젝트를 마친 팀원들이 모두 나가떨어질 만큼 타이트하게 추진했다. 이번 임원 인사에서도 김 팀장은 탈락하였다. 영업 본부장이 강력하게 추천하였지만, 인사 부서와 CEO의 결정은 바뀌지 않았다.

일의 추진력과 성과 창출력은 자타가 인정하는 최고 수준인데, 왜 임원 승진에서 번번이 탈락하는가? 그 이유는 무엇이라고 생각하는가? 김 팀장은 최고의 성과를 냈지만, 2번이나 임원 탈락이 되자 인사 팀장을 만나 조금은 서운하다고 면담을 요청했다. 여러분이 인사 팀장이라면 김 팀장에게 어떻게 이야기하겠는가?

담당자로서는 최고이지만, 조직장으로는 곤란한 팀원

구매 업무를 담당하는 김 차장은 입사 11년 차의 베테랑이다. 협력업체 리스트를 매출과 친밀도 중심으로 4분류를 하여 등급 관리를 실시한 것으로 유명하다. 회사 매출의 신장세가 주춤할 때, 최상 등급 이하의 협력업체에 대한 단가 조정을 통해 원가 절감을 추진하였다. 구매 JIT 시스템을 도출하였고, 월 1회 2등급 이상의 구매 담당자 워크숍을 통해 소통 활성화에도 이바지했다. ERP 시스템을 도입하여 구매 업무를 한 수준 선진화했다는 평을 받고 있다.

중소기업인 B회사는 경영관리팀에 전략, 홍보, 구매, 인사, 재무,

총무 담당자가 있다. 전략 업무는 팀장이 담당하고 있다. 인사와 재무 직무는 과장과 한 명의 사원, 각 2명이 담당한다. 구매와 총무는 1명이고, 구매 업무 담당자인 김 차장은 팀의 최고참이지만 입사 후 지금까지 구매 업무만 담당했다. 10월 임시 조직개편으로 경영관리 팀장이 임원이 되어 겸직 상태로 운영되어 왔다. 1월 팀장 인사에서 김 차장이 경영관리 팀장이 될 것이라는 소문과는 달리, 인사 업무를 담당하던 이 과장이 팀장이 되었다. 김 차장은 팀장 인사가 있던 다음 날 휴가를 내고 3일 동안 회사 출근을 하지 않았다. 김 차장은 구매 업무에 있어서는 최고 업무 담당자이지만, 타 업무에 대한 관심이 전혀 없었다. 회사의 전략이 무엇이고 향후 어떤 방향과 목표, 전략 과제가 무엇인지 알지 못한다. 회사의 재무 상황에 대해서도 알지 못한다. 구매 업무만 잘할 뿐 회사 행사와 공동 업무에는 항상 미온적이었다. 구매 업무와 연관이 없는 부서와는 소통하거나 협조할 생각을 갖지 않았다.

김차장이 출근하자, 관리 본부장이 불러 면담을 하였다. 관리 본부장은 김 차장에게 구매 담당자로서 최고의 인재라고 말했다. 구매 업무를 잘하기 위해 김 차장이 관심을 갖고 일 추진 프로세스 개발, 개선과 점검은 타의 모범이 된 점에 대해 고맙다고 전했다. 본부장은 조직장의 역할과 해야 할 일을 물었다. 김 차장이 답변하지 못하자, 본부장은 조직장의 역할과 잘해야 할 일을 설명하며, 김 차장은 많이 부족하다고 피드백을 주었다.

어서와~ 조직문화는 처음이지?

임원을 꿈꾸는 사람은 함께 가야 한다

전 직장 멘토였던 김 사장이 직장생활하면서 강조했던 4가지가 있다.

첫째, 일 잘하는 것은 과장까지이다. 차장부터는 일 잘하는 것은 기본이며 전사 관점과 인간관계가 더 중요하다. 주변의 변화와 이야기를 듣고 선행하며 함께 배려하는 마음이 표현되어야 한다.

둘째, 회사 직원뿐 아니라 도움 주는 분들에게 잘해라. 1층 보안 담당자, 미화 담당자에게 인사하고 명절 등 특별한 날에는 감사를 표해라.

셋째, 힘들어하며 상심한 사람에게 관심을 갖고 잘해줘라. 본사 핵심 부서에서 근무하다가 지방으로 좌천된 선배와 동료를 기억하고 자주 연락을 취해라.

넷째, 주고받는 관계가 아닌 주고 또 주는 사람이 되어라. 자신이 노력해 얻은 자료와 경험이라고 자신의 것이라 생각하는 경향이 있다. 회사에서 얻은 지식과 경험, 정보와 자료를 필요로 하는 사람에게 아낌없이 줘라.

임원 승진에 2번이나 탈락한 김 팀장에게 CEO가 불러 피드백해 준 내용은 다음과 같다. '일을 잘하지만, 일밖에 모른다. 직원이 힘들어할 때나 애로사항에 대해 관심이 없다. 무조건 주어진 시간 내 해내라는 식이다. 조직과 직원의 꿈과 개인적 일에 대해 인간적인 관심이 없다. 그리고 무엇보다 직원의 인사도 받아주지 않았다. 회사는 혼자 빨리 가는 곳이 아니다'였다. "빨리 가려면 혼자 가고 멀리 가려면 함께 가라"는 말이 있다. 기업은 사람이 모여 함께 일을 만들어가는 곳이다. 혼자 운영할 수 있지만, 한계가 있다. 제품이나 서비스를 기획하고, 생산하며, 마케팅하고, 재화와 사람을 관리해 나가는 것이 경영이다. 경영을 실제로 굴러가게 하는 바퀴는 사람이며, 사람을 제대로 알고 이해하는 것이 바로 임원이 명심해야 할 첫출발이다. 임원이라면 사업의 본질을 꿰뚫고 있어야 한다. 회사의 전략, 조직, 사람, 재무 현황을 알고 방향과 전략, 중점 과제를 제시할 수 있어야 한다. 전략적 의사결정을 하고, 구성원의 사기를 진작시키며 한 방향 정렬을 이끌어야 한다. 혼자만 잘났다고 될 수 있는 일이 아니다. 길고 멀리 보며, 함께 가야 한다. 함께 가지 못하고 자신의 생각과 행동을 강요하거나, 혼자 잘하려는 사람이 임원이 된다면 조직과 구성원은 어떻게 되겠는가?

어서와~ 조직문화는 처음이지?

02

조직문화를
개선해라

CEO가 이런 지시를 했을 때 어떻게 하겠는가?

인사 팀장은 CEO의 호출에 급히 사장실을 향했다.

호출할 만한 급한 일이 없어 무슨 사고 난 것은 아닌가 하는 마음에 불안하기까지 했다.

CEO는 회사의 조직문화에 대해 물으면서, 인사 팀에서 "조직문화 파트를 만들고 무엇을 할 것인지 한 달 안에 보고하라"고 한다. 갑작스럽게 조직문화는 무엇이고, 1달 안에 계획을 수립해 보고하라는 지시에 머리가 무겁다.

이렇듯 조직문화 직무는 위로부터 갑작스럽게 지시에 의해 부여되는 경우가 많다. 새로운 CEO가 부임하여 가장 먼저 하는 일은 간담회이다. 소통 활성화 측면에서 현장의 여러 직무와 직급의 사람들을 만나고 그들의 건의나 불만을 관련 부서에 지시한다. 이도 문제이지만, CEO에게는 A를 이야기했는데, 회사의 실정이나 현황을 잘 모르는 CEO가 A를 B로 인식하여 지시하면 담당 부서는 죽을 맛이 된다.

다음과 같은 상황에서 당신이 직무 담당자라면 어떻게 하겠는가?

① 이곳저곳에서 워라밸을 이야기하는데, 워라밸의 회사 안을 만들어 보고하라면?

② 오너 기업이 아닌 3년마다 CEO가 바뀌는 전문경영인 기업에서 핵심 가치의 내재화와 체질화에 의한 조직문화 개선을 추진하는 것이 바람직하다고 생각하는가?

③ CEO가 조직문화는 조직장이 원동력이라며, 조직장들을 악착같이 변화시키는 방안을 1달 안에 수립하여 보고하라고 한다. 어떻게 하겠는가?

④ 회사의 사업은 매우 안정적이고 장치산업인 제조업이다. CEO는 이런 문화로는 내일이 없다며 자율과 책임, 혁신과 변혁의 문화로 바꾸기를 희망한다. 어떻게 추진하겠는가?

⑤ 작고 쉬운 것부터 변화시키라고 한다. 개선할 이슈 3가지를 선정하라면 무엇이겠는가?

⑥ 회사의 병폐가 무엇이며, 어떻게 개선할 것인가를 보고하라고 한다. 어떻게 추진하겠는가?

⑦ CEO가 조직문화 팀을 만든다면, 이 팀을 통해 얻고자 하는 것은 무엇이겠는가?

어서와~ 조직문화는 처음이지?

조직의 변화는 거대하고 어려운 것에서 시작되지 않는다

A회사의 현장 조직문화 개선 컨설팅을 추진할 때의 일이다.

이 회사는 남의 일에 신경을 쓰지 않고, 자신의 일도 도전보다는 실패만 하지 않으면 정년까지는 무사히 간다는 안정주의 문화였다. 공장 현장에서 서로 인사하는 경우도 없고, 신입사원이 인사해도 반갑게 받아주는 이가 없었다. 자신의 일이 끝나서 퇴근하는 것이 아니라 시간이 되었기 때문에 퇴근한다. 자신이 이 회사에 근무하는 한, 회사는 망하지 않는다는 생각이 강하다. 대충하면서 월급은 꼬박꼬박 받아 간다. 호봉제 구조이므로 신입사원들은 동일한 일을 하고 있음에도 불구하고 보상은 30년 근속하신 분들의 50% 미만 수준이다. 현장 조직장들은 30년 된 고참과 일하기보다 2년 안팎의 직원들과 일하기를 기원한다.

현장에서 가장 먼저 한 문화 개선 활동은 '작고 **쉬운 일부터 내가 먼저**'였다.

영혼 없는 아침 인사부터 개선해 나갔다. 아침에 출근하면 먼저 와 있는 직원에게 찾아가 손바닥을 부딪치며 아침 인사를 하게 했다. 처음에는 매우 어색해했으나, 반 강제적으로 진행하니까 며칠이 되지 않아 웃음이 넘치는 아침 인사가 되었다.

두 번째 한 일은 '**주변 정리는 먼저 본 사람이 하기**'였다.

화장실과 공장을 청소하는 용역 회사와의 계약을 끊고, 자기 주변과 자신이 사용하는 공공 시설물의 정리 정돈은 자신이 하게 했다.

주변에 쓰레기 등 더러우면 먼저 본 사람이 치우는 것으로 했다. 조직장의 솔선수범을 강조했고, 사무실은 분리수거 통을 마련하여 각자의 쓰레기는 각자 분리해 버리도록 했다. 약간의 불편함이 있었지만, 어느 사이 주변 정리 정돈이 정착되었다.

세 번째 한 일은 '후공정 배려하기'였다.

4조 3교대로 돌아가는 현장에서 일이 끝나는 10분 전에는 다음 작업자가 가장 편하게 일을 할 수 있도록 정리하고 배려하자는 운동을 전개했다. 처음 기대는 정리 수준이었지만, 갈수록 자신이 했던 일 중의 문제점이나 기계의 이상 등을 기록하여 인수인계하는 일이 발생하였다. 더 나아가 회사 전체의 밸류 체인 교육을 통해 작업 공정이 어떻게 구성되어 있고, 각 공정에서 무엇이 중요하고 어떻게 일을 하는가를 설명하고, 각 공정 담당자의 애로사항을 공유하는 시간을 가졌다.

3가지 변화를 시도했는데, 현장의 분위기가 매우 활성화되고, 생산성이 눈에 띄게 좋아졌다.

조직문화 개선을 하라는 CEO의 지시에, 10년 후 바람직한 모습, 방향과 전략, 전략별 다양한 방안들을 모색하여 개선안을 작성해 보고할 수도 있다. 하지만, 현장과 기본에 강한 회사가 강하다. 작고 쉬운 일에 나부터 실천하는 문화에서 시작해야 한다. 지금, 작은 일에 최선을 다하지 않는 직원이 크고 중요한 일을 잘할 것이라는 신뢰는 들지 않는다.

어서와~ 조직문화는 처음이지?

03
조직문화,
왜 개선되지 않는가?

무엇이 이슈인가?

기업의 비전을 달성하는 방법은 여러 가지가 있다.

과거에는 비전을 달성하기 위해 전략을 중심으로 회사 목표-사업부 목표 - 팀 목표 -개인 목표로 내려가는 MBO(목표에 의한 관리)가 압도적이었다.

그러나 목표관리는 영업이나 생산과 같이 계량화할 수 있는 부서는 매우 효과적인 기법이지만, 전략, 홍보, HR, 재무, IT 등과 같은 비사업 조직은 성과를 정량화하기 어려워 한계가 있다. 또한 성과는 시스템으로 관리하여 높이는 것도 중요하지만, 도전/창의/열정/성실/신뢰와 같은 가치에 의해 더 창출된다는 것을 알게되었다.

1980년대 이후, 많은 기업이 비전을 달성하기 위해 인재상, 핵심 가치, 행동 규범과 같은 가치관 중심의 경영을 추진하게 되었다. 정립한 가치관을 조직과 구성원에게 내재화시키고, 업무에 실천할 수 있도록 체질화하는 노력을 하게 되었다. 또한 작업환경 개선 등의 스마트 워크(Smart work)와 일하는 방식을 개선하는 워크 스마트(Work smart)를 동시에 추진하고 있다.

 정부의 최저임금 인상과 기업의 주 52시간 근무제 시행으로 기업 경영층은 생존 차원의 생산성 향상 노력을 하고 있다. 이제는 생산성 향상과 조직문화의 획기적 개혁 없이는 한계기업은 생존할 수 없게 될 것이다.

 기업의 조직문화를 개선하기 위해 10가지 이슈를 살펴보았다.

❶ 주 52시간 근무 제도가 개인, 회사, 리더에게 미치는 영향을 파악하여 대처하고 있는가?

❷ 회사 조직문화의 바람직한 모습과 현 수준과의 갭을 어떻게 파악하고 이끌 것인가?

❸ 가치관 경영을 어떻게 모델링하고, 추진할 것인가?

❹ 변화에 앞서는 기업이 성장하는데, 어떻게 변화를 파악하고 선도하는 문화를 가져갈 것인가?

❺ 소통의 이슈는 무엇이며, 소통 활성화를 위해 어떻게 할 것인가?

❻ 회사의 병폐가 무엇인지 어떻게 파악하고 개선해 나갈 것인가?

❼ 업무 생산성 저해 요인은 무엇이며, 어떻게 개선할 것인가?

❽ 조직문화 활성화를 저해하는 작업환경, 경영시스템의 이슈는 무엇인가?

❾ 조직과 구성원의 성숙도와 성장을 지속적이고 일관성 있게 어떻게 이끌 것인가?

❿ 결국은 최고 경영층과 추진 조직의 참여와 실행인데, 이를 어떻게 가져갈 것인가?

조직문화가 개선되지 않는 이유

존 코터의 『Leading Change』이란 책에, 변화에 성공하지 못하는 이유를 8가지로 설명하고 있다.

① 자만심을 방치하였다.
② 혁신을 이끄는 모범적인 사람이 없다.
③ 5분 안에 설명할 수 있는 비전이 없다.
④ 비전을 전파하지 못한다.
⑤ 방해물, 무사안일주의자를 방치해 둔다.
⑥ 단기간에 가시적인 성과를 보여주지 못한다.
⑦ 샴페인을 너무 일찍 터뜨린다.
⑧ 새로운 제도를 문화로 정착시키지 못한다.

우리 기업을 보면, 사업의 특성, 기업의 규모와 역사, CEO의 철학과 원칙, 경영층과 관리자의 관습과 관행, 차별보다는 공평을 강조하는 획일화된 인사제도, 튀는 것을 싫어하는 회의와 보고, 타 부서의 일에 간섭하는 것을 꺼리고 실패를 인정하지 않는 문화 등이 조직문화의 개선을 어렵게 한다.

어떻게 개선할 것인가?

원숭이 사례가 있다.

원숭이만 사는 섬에 고구마를 양식으로 주는데, 지금까지 고구마를 털어먹었다. 하루는 한 원숭이가 고구마를 바닷물에 씻어 먹었다. 얼마 지나지 않아 대부분의 원숭이가 고구마를 씻어 먹는데, 끝까지 털어먹다 죽는 원숭이가 있었다. 나이 많은 원숭이였다.

또 다른 원숭이 사례는 우리 속 5마리 원숭이와 사다리 위의 바나나이다. 한 마리 원숭이가 사다리 위에 올라가 바나나를 먹을 때, 나머지 4마리 원숭이에게 찬물이 쏟아졌다. 다시 바나나를 놓고 원숭이가 바나나를 먹으면 또 나머지 4마리에게 찬물이 쏟아지는 것이 반복되자, 결국 5마리 원숭이 모두 사다리에 오르지 않았다. 5마리 중 한 마리를 꺼내고 새 원숭이를 넣자, 이 원숭이가 바나나를 먹으러 갈 때 나머지 4마리 원숭이가 강력하게 저항했다. 결국 이 원숭이도 여러 번 시도하다가 저항으로 포기하게 되었다. 4마리 중 또 한 마리를 교체하고, 이 원숭이도 저항으로 포기하고, 처음 5마리를 모두 교체했지만, 그 어떤 원숭이도 사다리에 오르지 않았다. 관행을 경계하는 이야기이다.

두 원숭이 사례의 시사점은 조직문화를 개선하기 위해서 경영층과 관행을 바꾸어야 한다는 것이다. 경영층은 회사의 바람직한 모습과 추진 전략과 과제, 로드맵을 구체화해야 한다. 지속적이고 일관성 있게 실행하기 위해 추진 조직과 담당자를 정해야 한다. 현

어서와~ 조직문화는 처음이지?

업 조직장들에 대한 교육과 역할 부여로 솔선수범하도록 해야 한다. 제도와 시스템을 정비하여, 하지 않으면 안 되도록 하고, 점검과 피드백을 통해 잘하는 부서와 사람은 홍보하고, 잘못하는 부서는 컨설팅 또는 지도해 줘야 한다. 조직문화 담당 사내 강사와 퍼실리테이터(facilitator)를 선발하여 양성하고, 체계적이고 계획성 있게 스마트 워크와 워크 스마트를 이끌어야 한다. 관행은 쉽게 개선되지 않는다. CEO 교체와 사업 해체와 같은 급격한 충격적 사건이 아니라면 바꾸기 어렵다. 지속적으로 변화의 시도를 습관화하여 새로운 관행을 만들어 가야 한다. 물론 좋은 관행은 계승해야 한다.

4

어떤 조직문화를
만들 것인가?

A회사와 B회사

A회사를 방문했다. 안내 데스크의 여직원이 일어나 반갑게 인사를 하며 방문 부서와 담당자를 묻는다. 강의하러 왔다고 하니, "홍석환 대표님이세요?" 묻더니 담당자에게 연락을 취하며 잠시 옆 접견실에서 기다려 달라고 한다. 잠시 후 담당자가 내려와 강의장으로 안내한다. 이동 중에 대상자의 변동 사항과 강의장 구조를 설명한다. 9시 강의인데, 5분 전 모든 참석자가 자리에 앉았다. 담당자는 간략하게 강의 목적, 중점 내용, 강사를 안내한다.

강의 중 질문이 많다. 모두가 중요하다고 생각하는 부분을 기록한다. 옆 사람과 1분의 짧은 토론에 열심이다. 3시간 강의이기 때문에 50분 강의, 10분 쉬는 시간을 가졌는데, 1분 전에 전원 자리에 앉아 있다. 쉬는 시간에 메모지를 전하는 참석자가 있었다. 자신의 상황에 대한 애로사항을 적은 것이다. 강의 중 설명해도 좋은 내용이라 공유해도 되겠느냐 물으니 기꺼이 허락한다.

어서와~ 조직문화는 처음이지?

준비한 3영역의 주제 중 한 영역이 끝나고 질문 사항이 있냐 물으면 3~4명이 손을 든다. 질문 있는 분은 적어 달라고 하니 10명이 넘는다. 질문에 짧게 답변하고 다음 영역을 진행한다.

강의하는 것이 즐겁다. 몰입과 열정의 현장에 서 있다는 것은 행복이다. 그들에게 자신이 영향을 주고 있다는 것이 자랑스럽다.

B회사를 방문했다. 정문 로비에 아무도 없다. 3층에 있는 교육장을 찾아갔다. 3층 문이 닫혀 있다. 담당자에게 전화했는데 받지 않는다. 문자를 남기고 3층 로비에 5분 정도 서 있는데 한 명이 나온다. 강의하러 왔다고 소개하고 교육장 안내를 부탁하니, 들어가 오른쪽에 있다고 한다. 문을 열어줘 들어가니 20분 전인 교육장에 아무도 없고 준비도 되어 있지 않다. 담당자에게 교육장에 있다고 문자를 남기고 강의장 전체를 살폈다. 10분이 남지 않았는데 아무도 오지 않는다. 불안한 마음에 PC를 꺼내 준비하고 있는데 담당자가 온다. 인사를 나누고 준비를 마쳤다.

정시가 되었는데 30명의 참석자 중 절반이 오지 않는다. 담당자가 10분 후 시작한다고 일방적으로 말하고 교육장 밖으로 나간다. 10분이 지나도 담당자가 오지 않고 20여 명이 자리에 앉아 있다. 담당자에게 문자를 보내니 그냥 시작하라고 한다.

열정에 불타는 경기장에서 경기하는 선수들은 힘이 솟는다. 하지만 전혀 반응이 없는 마치 끌려 나온 사람들처럼 차디찬 분위기에서 경기하는 선수는 열기를 끌어내기 위해 엄청난 노력을 해야만 한다. 말 한마디 없는 싸늘한 분위기에 누군가 구해 주길 바라는 목표와 의욕 없는 사무실에서 근무한다고 생각해 보자. 무슨 생각을 하겠는가?

초일류 기업, 좋은 조직문화를 만드는 6가지 질문

초일류 기업의 직원들은 어떤 조직문화를 원할까? 한국 경영인 증원에서 심사하고 인증을 주는 '일하고 싶은 회사의 조건'을 살펴보았다. 조직문화, 평가와 보상, 유연근무, 장기 근무를 위한 제도로 구성되어 있었다. 정말 일하고 싶은 회사는 어떤 모습일까? 멘티들에게 초일류 기업의 조건을 물어보았다. 이들이 대답하는 공통점은 3가지이다. 일에 대한 자부심, 부단한 성장, 일하는 즐거움이다. 초일류 기업의 직원들은 자신이 하는 일에 의미를 부여하고 전문가로 성장하기를 원한다. 일을 하며 지겹다, 하기 싫다는 생각보다는 하는 일을 즐기며 배우며 성과를 창출하려는 열정을 다한다.

멘티가 좋은 조직문화를 가진 회사를 판단하는 6가지 비결을 전송했다. 보면 볼수록 이곳에서 근무하면 즐겁고 성과를 낼 수 있겠다는 생각이 들었다.

첫째, 지적 호기심을 자극하는 뛰어난 동료들이 있는가?

어서와~ 조직문화는 처음이지?

누군가 자신에게 선한 영향력을 줄 때, 자극을 받고 기분이 좋아진다. 지금까지 생각하고 행한 행동에 다른 방식의 자극을 받게 되면 당황하기보다는 지적 호기심에 즐거워진다.

둘째, 이곳에 있으면 동료와 함께 내가 성장하는 시간을 가질 수 있는가?

구글의 직원들은 퇴직하려 하지 않는다고 한다. 여러 이유 중 으뜸은 주변 동료로부터 많이 배우기 때문이라고 한다. 자신의 성장을 자극하는 상사와 동료가 있다면 그 깨달음과 배움이 금전적 보상보다 클 것이다.

셋째, 가족처럼 편안하고 웃음을 주는 동료들이 있는가?

우리가 직장생활하면서 몇 번 웃는가? 가장 일하고 싶지 않은 직장은 말 한마디 하지 않고 퇴근하는 직장일 것이다. 오늘 자신의 생일인데, 그 누구와도 말 한마디 하지 않고 점심도 혼자 먹고 싶지 않아 굶었다면 그 직장에 대해 어떻게 생각하겠는가?

넷째, 내가 하고 싶은 일을 할 수 있는 기회를 주는 곳인가?

잘할 수 있고, 하고 싶은 일을 하는 직원은 몇 명일까? 누구나 자신이 하고 싶은 일이 있다. 그 일에 대한 전문가의 목표를 갖고 한 단계 한 단계 배움의 정도를 넓혀가면 얼마나 기쁘겠는가?

다섯째, 내가 일하고 싶은 만큼 일하면서 성과를 내도 되는 기업인가?

유연근무제를 운영하는 직원을 만났다. 아기 어린이집 데려다 주고 10시에 출근하는 것이 기쁘다고 한다. 대학원을 다니기 위해 한 시간 빨리 출근한 후 저녁에 공부하러 간다고 한다. 9시 출근, 6시 퇴근만 있던 회사에서는 기대할 수 없는 배려이다. 자신이 원하는 것을 할 기회를 주는 회사에 더 정이 갈 수밖에 없다.

여섯째, 서로가 존중하는 마음으로 감사 표현을 하는 곳인가?

신뢰가 있는 기업은 두 가지 큰 특징이 있다. 자신의 역할을 알고 다한다. 서로 믿고 존중한다. 만나는 사람에게 관심을 갖고 진정성을 갖고 배려한다. 이들은 출입문을 열고 뒤따라오는 사람을 위해 문을 잡아주며, 들어오는 사람은 고맙다는 말을 반드시 한다. 이들은 사소한 행동 하나에도 의미를 부여하고 감사를 표하는 성숙도가 높은 모습을 보인다.

어느 회사에 근무하는가? 이곳에서 1년간 업적과 역량을 쌓고 다시는 이 회사가 있는 곳은 바라보지도 않겠다는 마음으로 출근하고 있는가? 이곳에 근무하는 것이 너무나 자랑스럽다. 하루하루 배울 점이 많고, 함께 근무하는 사람에게 감사하다고 생각하며 출근하는가? 결국 일하기 좋은 기업은 그 안의 구성원이 스스로 만들어 가는 것 아닌가?

05

현장을 강하게 하는
2가지 방법

강한 현장은 무엇이 다른가?

제조회사인 A기업을 자문하면서 현장을 방문하였다. 현장 바닥
의 라인은 지게차가 다닐 수 있도록 선이 그어져 있고, 선 안쪽에
부품과 여러 물품이 가지런히 정돈되어 있다. 도구함에는 각종 도
구가 그림에 따라 놓여 있고, 부품 함에는 정확하게 부품 수를 알
수 있도록 숫자가 적혀 있다. 기계는 모두 자신들의 이름을 가지
고 있고, 견학이 가능한 라인을 따라 지나는데, 작업자는 작업에
만 몰두한 듯 지나는 사람에 관심이 없는 표정이다. 라인을 따라
분주하게 손을 움직이며, 조장으로 보이는 한 명은 라인을 바라보
며 부품을 채우거나 중간중간 일을 돕는다.

15분의 휴식 시간. 흡연장에 모인 직원들에게 "하루 중 언제 가
장 즐겁나?"라고 물었다. 한 명이 밝게 웃으며 "점심시간이 가장
즐겁다. 우리 회사 점심은 맛있기로 소문이 나 있다"라며 식사해
보길 권한다. 힘든 점이 있느냐고 하니 "직장 생활 다 똑같지요.

이곳에서 일하는 사람들은 함께 일하는 것을 좋아하며 다들 즐거워한다. 결국 자신이 생각하고 하기 나름이다"라고 한다.

노조위원장을 만났다. "회사가 성장해야 직원도 있다." 회사가 성장할 수 있도록 회사의 입장을 노조원에게 전하고, 노조원의 애로사항을 회사에 건의해 서로 신뢰하고 성장하도록 하는 것이 노조의 역할이라고 한다. 하루에 10번 이상을 현장에 가서 일하는 모습, 작업환경, 노조원들과 만나 이야기를 나눈다며, 현장이 강해야 진짜 강한 회사라고 한다. 직원들의 건의나 애로사항이 무엇이냐 물으니, 요즘과 같이 어려운 시기에는 경영층을 믿고 하나가 되어 한 방향으로 가는 것이 가장 중요하다는 대답으로 대신한다. 강한 현장은 어떤 현장이냐 물으니 '자신의 역할을 다하며 서로 믿고 학습과 개선하는 현장'이라고 한다.

강한 현장을 만드는 2가지 비결

노조위원장에게 강한 현장의 비결인 '학습과 개선'에 대해 구체적으로 설명해 달라고 하였다. 학습은 '선배에 의한 후배 지도'를 강조한다. 강한 현장인가 아닌가의 파악은 '선배에 의한 후배 지도가 어떻게 이루어지는가?'를 보면 안다고 한다. 지방에 있는 제조 현장에는 경력자들이 입사하려 하지 않기 때문에 신입직원을

　　　　　　　　　　　　　　어서와~ 조직문화는 처음이지?

채용해 가르칠 수밖에 없다. 만약 후배들이 배우려 하지 않고, 선배들은 가르치려 하지 않으면 현장의 품질 수준, 안전 이슈는 물론 납기와 생산성은 지킬 수 없다. 신입사원을 채용하여 입문 교육과 병행하여 기초교육을 마치고 현장에 투입한다. 이 신입직원들과 함께 일하면서 하나에서 열까지 가르치는 것은 결국 선배의 몫이다. 선배들이 자신의 일을 하면서 후배의 일을 봐주며 가르친다. 현장에서의 학습이 강하게 추진되는 회사는 강한 회사라고 단언한다.

A기업은 선배에 의한 후배 멘토링이 비교적 긴 시간 강하게 추진되고 있다. 같은 라인의 선배와 후배가 멘토와 멘티 관계로 맺어지면, 회사 차원에서 멘토링 결연식을 갖고 축하해 준다. 6개월 동안 일과 관계 측면에서 멘토링이 진행된다. 멘토링은 현장의 일을 중심으로 6개월 학습 내용이 주 단위로 구체적으로 설계되어 있다. 매주 결과물과 계획이 조직장과 인사 팀에 전달되고, 조직장은 결과물과 계획을 보며 선배인 멘토를 지도한다. 일과 후 또는 주말에는 관계 중심의 멘토링이 진행된다. 회사에서 지켜야 할 규정이나 규칙, 팀의 선후배 관계, 관련 부서와의 만남, 멘토와 멘티가 함께하는 여행, 독서 등이 논의되고 실행된다. 인사 팀은 매주 결과물을 보며 우수 멘토를 시상하고, 부진한 조에 대해서는 피드백을 실시한다. 주별 결과와 계획이 전원에게 공유되기 때문에 멘토들은 항상 자신의 멘토링에 대해 신경을 쓰며 멘티에게 좀

더 적극적이 된다.

개선 활동으로는 '현장 중심의 자율적 CoP(Community of Practice)'를 강조한다. 현장 근무 시간이 끝난 후 개선 활동을 위한 주제별 조원들이 모여 문제의 근본 원인과 개선 방안을 토론하고, 실제 해결안을 중심으로 현장에 반영한다. 자율적 활동이지만, 현장 조직장의 관심과 지원이 대단하다. 조별 활동의 내용을 알고 있으며 활동하면서 애로사항이나 지원사항을 돕는다. 결과물이 나오면 회사의 제안 제도에 올려 심사와 혜택을 받게 한다.

현장의 개선 활동은 전사적으로 이루어져 생산 현장뿐 아니라 사무직군들도 업무 개선 활동을 진행한다고 한다. 개선 활동은 먼저 리더가 되는 사람이 개선 과제와 추진 계획, 함께 수행할 참석자를 정해 개선 활동 계획서를 작성해 조직장에게 제출한다. 조직장은 내용을 검토하고 실시 여부를 결정하고, 인사 팀에 통보한다. 조직장의 결재를 받은 개선 활동은 월 단위로 소정의 활동비를 받게 된다. 인사 팀은 월별 실적과 계획을 정리하여 회사 CoP 게시판에 공유하여 활동 내용을 알게 한다. A회사는 매년 개선 활동에 대한 경진대회를 실시한다. 처음에는 경진대회에 참석하는 조가 거의 없어 실시할 생각을 하지 못했지만, 현재는 자율적으로 CoP 활동을 추진하는 조가 많아 팀별로 경진대회에 참석할 대표 조를 선정할 정도라고 한다.

회사가 먼저인가? 직원이 먼저인가? 노조위원장의 "회사가 성

어서와~ 조직문화는 처음이지?

장해야 직원이 있다"라는 말이 생각난다. 누가 먼저인가를 따지는 불필요한 논쟁이 아니다. 보다 바람직한 모습으로 성장하기 위해 높은 목표를 설정하고, 한마음이 되어 실천하여 좋은 결과물을 창출하는 회사와 직원이 강하다. 그 비결에 학습과 개선 활동이 있다는 노조위원장의 생각에 찬사를 보낸다.

06
변화가 성공하려면?
왜 변화는 말로만 끝나는가?

어렵지 않던 순간은 없었다. 매 순간이 위기였고 고통이었다. 회사는 매일 위기라고 한다. 출근과 동시에 회의이다. 잘했다는 말은 없고, 잘못에 대한 질책이 이어진다. 도와주겠다는 말은 없고 하라는 지시만 늘어난다. 아무도 도전적 일을 하려고 하지 않는다. 실패하면 그 책임을 져야만 한다. 협업이 이루어질 수 없다. 내가 바빠 시간을 낼 수 없는데, 누구를 도와줄 수 있겠는가? 더 큰 이유는 도와준 일이 잘못되면 이 역시 책임을 져야 하기 때문이다.

사례 1 자재 불량으로 생산된 제품의 불량 자재를 뽑아내고 새로운 자재로 교체하는 작업을 시급히 해야 한다. 생산 라인은 인원 감소로 여력이 없다. 생산 팀장은 품질과 안전 부서 나아가 본사에 교체 작업을 할 인력 지원 요청을 했다. 필요한 시점에 지원된 사람은 한 명도 없다. 공장장에게 보고했으나 이 또한 마찬가지이다. 다들 바쁘다는 이유이다. 결국 납기가 지연되었고, 이에 따른 벌칙금을 회사가 부담해야만 하게 되었다. 불량 자재를 구매한 담당자, 납기를 지키지 못한 생산 팀장에게 중징계가 떨어졌다. 생산 팀장은 곧바로 퇴직했고, 생산 팀장이 되겠다는 사람이 없다. 생산 현장의 젊은 직원들은 하나둘 퇴직하고, 회사는 계속 원가 절감을 외쳐댄다.

사례 2 고객 감동을 강조하는 영업회사이다. 고객이 우리의 급여를 주고 있다고 강조하며, 고객의 가치를 올리고, 감동할 수 있도록 고객 접점에서 최선을 다하라고 한다. 이 회사는 매주 외부 업체에 의뢰하여 고객 만족도 조사를 실시한다. 고객 만족도가 떨어지면 원인을 찾고 질책이 이어진다. 고객 만족도가 올라가면 당연한 일이라고 생각한다. 만족도의 변화가 없으면 만족도를 올릴 수 있는 방안을 찾으라고 성화이다. 고객 접점에서 영업하는 직원들에게 지급되는 차량은 없다. 자차를 이용하고 영업시간 운행 내역에 따른 거리에 비용을 지급한다. 반드시 일일 마감 보고를 해야만 하고, 현장에서 업무 마무리가 아닌 반드시 사무실에 들어와 일일 마감을 해야 한다. 개인별 매출 실적을 막대그래프로 표시하여 누가 어느 수준인지 알게 하고, 낮은 직원에 대한 특별 교육을 실시한다. 사무실에는 쉴 수 있는 공간은 없다. 사무 효율화로 자기 자리가 없다. 마감과 팀 회의를 위해 회의실이나 사무실 회의 탁자에 앉아 있다. 팀장 주변으로 모여 일일 특이 사항 중심으로 보고한다. 실적을 달성하면 큰 문제가 없지만, 실적이 없으면 별도로 남아 팀장의 질책을 들어야만 한다. 사무실 벽에는 "고객 감동은 우리의 미래다"란 액자가 붙어있다. 직원 만족이 없는 고객 감동이 오늘도 이어지고 있다.

변화, 어떻게 이끌어야 하는가?

말로만 하는 변화에는 실행이 없다. 실행이 있다고 해도 성과로 이어지지 않는다. 왜 그럴까? 변화와 혁신은 고통이 수반된다. 하지 않으면 안 되는 위기가 느껴지거나, 반드시 해내고 말겠다는 열정이 있어야 한다. 이러한 간절함이 없는 변화에 혁신이 성공하기를 기대하는 것은 요행이다. 기업은 요행이나 운으로 지속되는 곳이 아니다. 진정한 실력이 있어야 하며, 근면 성실은 기본이며 악착같음이 있어야 한다. 새로운 가치와 성과를 창출해 내는 차별화된 경쟁력이 기반이 되어야 한다. 모두가 변하는데 우리만 머물고 있을 수 없다는 의식이 조직과 구성원에게 심어져 있어야 한다. 변화의 첫 단계는 변화의 필요성에 대한 인식의 공유 아닐까?

변화해야 한다는 것을 조직과 구성원이 알았다면, 2번째 단계는 변화의 바람직한 모습, 비전, 전략, 중점 방안을 수립하는 변화의 큰 그림 그리기다. 2가지 방향이 있을 것이다. 현 상황 대비 바람직한 모습을 그리고 따라잡는 접근 방식, 현재 중요한 문제점의 원인을 찾아 개선하는 접근 방식이다. 병행할 수도 있다. 중요한 것은 변화 후 이렇게 달라진다는 것을 제시하는 단계이다.

변화의 3단계는 현 상황에 대한 파악이다. 현재 우리가 어느 수준에 있는가를 변화하고자 하는 영역과 항목별로 명확하게 파악하고 있어야 한다. 초등학교 수준에 있는데, 대학생처럼 무거운 짐을 들고 뛰어가라고 할 수 없지 않은가? 변화의 영역 이슈 별로 현 수준을 진단하고 분석하여 차이를 명확하게 조직과 구성원에게 설명해야 한다.

변화의 4번째 단계는 실행 계획의 구체화이다. 현 상황에 대한 파악의 결과, 해야 할 과제, 내용, 방안들이 선정된다. 이 단계에서는 수준의 차를 어떻게 따라잡을 것인가에 대한 구체적 계획을 수립하는 것이다. 누가, 언제까지 어떤 결과물을 창출할 것인가 분명해야 한다. 실행 계획은 실행 과제별로 언제까지 누가 어떤 결과물을 내며, 어떻게 점검하고 달성할 것인가 명시해야 한다. 변화의 5단계는 실행이다. 실행하는 부서와 목표 대비 결과물 중심의 파악, 점검과 피드백을 최소 월 단위로 가져가야 한다. 계획 대비 앞서가면 이에 맞도록 목표를 더 제시하거나 내용의 질을 높이는 활동을 해야 한다. 목표 대비 실행이 미진하면 독려해야 한다. 미진한 점에 대해서는 원인을 파악하여 빠른 조치가 이루어지도록 해야 한다. CEO의 참여, 주관 부서의 일관성과 지속적 운영 역량, 현업 조직장의 솔선수범에 달려있다.

변화의 6단계는 시스템을 통한 점검과 피드백이다. 사람의 수작업을 통한 자료 수집과 분석은 한계가 있다. 변화의 항목과 내용을 전산화하여 경제성을 높여야 한다. 제대로 된 보고서를 작성하여 CEO에게 주 단위 보고가 올라간다면 금상첨화이다. 실행의 결과는 인사제도와 연계되어 공과를 분명히 해야 한다.

S그룹의 변화 성공 방정식

1993년 S그룹은 신경영을 강조하며, 변화에 대한 원칙을 정해 조직과 구성원에게 위기의식을 심어줬다. "나부터 변하자", "쉽고 작은 일부터 변화하자", "지금 당장" 등 간결하면서도 의미 있는 구호로 변화를 이끌었다. 물론 해외 판매 대리점에 쌓여 있는 S사의 제품 견학, 제품 화형식, 라인 스톱제 등 극단적인 자극을 주기도 했지만, 다음과 같이 조직과 구성원의 변화를 이끈 성공 요소들이 있다.

❶ 세계 초일류 수준과의 격차 제시
❷ 혁신 수준을 진단하고 일류 기업에 비해 약점이 무엇인가 제시
❸ 외부 컨설팅을 통한 새로운 기준 제시
❹ 경쟁업체에 비해 취약한 것을 구성원에게 공유
❺ 고객 만족과 회사 재무 상태에 대한 공개
❻ 업적 평가와 기업 전체 성과 공유
❼ 회사의 문제점을 CEO가 솔직하게 공개
❽ 근거 없는 낙관, 무조건 찬성하는 발언에 고위관리자도 제재
❾ 항상 5~10년을 생각하게 한다

07

본질에 강하자

과거와 미래 속에 사는 사람들

현재 자신이 있는 곳에서 인정을 받고, 가치 있는 일을 하며, 만족하고 있는가? "과거는 지났고, 미래는 오지 않았고, 지금 있는 곳에서 최선을 다하라"라고 한다. 몇 번을 되새겨도 옳은 말이다.

과거 속에 살고 있는 사람이 있다. 가장 많은 유형은 '과거 내가 무엇을 했는데'이다. 과거 장관이고, 교수이며, 의사 또는 변호사였던 것은 자랑이다. 하지만, 지금 동네 노인정에 앉아 매일 보는 사람들에게 지난날 영광에 대해 자랑만 하면 누가 알아주는가? 농사를 짓는 앞집 어르신은 오늘도 논에 나가 익어가는 벼들을 보며, 논두렁을 손질하고 허수아비를 설치한다. 잠시 노인정에서 쉬고 있는데, 막내아들이 수박 몇 개를 가져와 드시라고 한다. 조금 있다 둘째 아들이 음료수를 가져온다. 다 먹고 간 다음 어르신의 며느리가 와서 뒷정리한다. 과거 그 많은 자랑을 하던 어르신들의 자녀는 1년 내내 본 적이 없다.

또 다른 과거 속에 사는 모습은 지식과 경험이다.

어릴 적 또는 입사하여 3년 동안 배운 지식과 경험으로 20년이 지난 지금도 버틴다. 세상은 크게 변화하였지만, 일하는 방식과 수준은 20년 전과 동일하다. 주변의 변화에 대해 알고 있다. 이대로 있으면 안 된다는 것도 안다. 하지만, 지금까지 문제없이 살아왔고, 자신이 속한 조직은 자기가 있는 동안 망하지 않는다는 생각이 강하다. 법이 정년퇴직을 보장한다고 믿는다.

미래 망상 속에 자신의 모습을 형상화하고 마치 지금 그 모습이 된 것처럼 행동하는 사람이 있다. 미래 의사가 되기 위해서는 자격을 취득해야 한다. 모든 자격을 취득하기 위해서는 그만큼 노력하고 결과를 내야만 한다. 자격 없는 진료는 불법이다. 미래 원대한 꿈과 목표를 설정하는 것은 매우 중요하다. 이 못지않게 중요한 것은 지금 이 목표를 달성하기 위한 실행이다.

왜 지금 이 자리에 앉아 있는가?

팀장과 임원 대상 교육에서 항상 "왜 이 자리에 앉아 있는가?" 하는 질문을 한다. 중견기업 임원과 팀장들은 질문을 받자마자 대

　　　　　　　　어서와~ 조직문화는 처음이지?

부분 정적이 흐르며 곤욕스러워한다. 많은 팀장이나 임원들이 자신의 역할을 명확하게 인지하고 더 높은 목표와 성취를 향해 매진하고 있다. 하지만, 왜 이 일을 하고 있는가에 대해 구체적으로 설명하는 사람은 적다.

조직과 구성원으로부터 인정을 받고 높은 성과를 창출하는 사람들은 자신에게 주어진 일의 의미와 성과를 분명하게 알고 있다. 기록을 중심으로 성과를 판정하는 스포츠 종목에서는 이런 질문이 의미가 없다. 그들은 우승이라는 목표가 분명하고 이를 위해서는 1초라도 빨라야 하며 하나라도 더 넣거나 때려야 한다. 진정한 실력이 모든 것을 말해준다고 알고 노력한다. 하지만 일반 사무 업무 또는 정성적 일을 하는 사람에게는 목표와 성과에 대한 혼란과 갈등이 생기는 경우가 있다.

1993년 회사에서 갑자기 '업의 본질'을 정의하라고 한다.
지금 하고 있는 사업의 환경을 분석하고, 무엇이 사업의 본질이며, 어떻게 해야 지속 성장과 이익을 창출할 수 있는가, 정의를 내리라고 했다. 당시, 생명 업의 본질은 부동산이었고, 사람 중심의 안전 업은 시스템 업이라고 했다. 다들 당황했지만, 시간이 지난 후, 업의 본질을 아는 것이 얼마나 중요하고 경쟁력의 근원임을 알게 되었다.

지금 현 위치, 하고 있는 일의 본질은 무엇인가? 어떻게 하면 본질을 더 강화할 것인가? 글로벌 환경은 지금 이 순간에도 변화하고 있는데, 어떻게 선도할 수 있을 것일까? 지속적으로 성장해야 하는데 방해하는 요인은 무엇일까?

가만 생각해 본다. 언제 주변을 정리하고 깊게 이런 생각을 했고, 새롭게 목표와 중점 과제를 정해 실행했는가? 지금 바로 그 순간이 아닌가?

어서와~ 조직문화는 처음이지?

08
조직문화는
방향성이다

사례 1 **아침 식사 제공**

A회사 조직문화 팀의 팀원 한 명이 직원 대상으로 아침 식사에 대한 설문을 실시하였다. "아침 식사 하고 출근하는가?"란 단 하나의 설문에 80% 이상의 직원이 하지 않는다고 응답했다. 이 팀원은 로비에 부스를 설치하고 매일 샌드위치와 우유를 제공했다. 샌드위치와 우유를 들고 사무실에 올라가는 직원들이 많아, 매일 아침 빠르게 샌드위치와 우유는 동이 났다.

담당 팀원은 1주가 지난 후, 2개의 설문을 실시했다. 간단한 아침을 제공하는 것에 만족하느냐? 건의 사항이 있다면 무엇인가? 직원들의 만족도는 거의 10점 만점에 10점이었고, 건의 사항은 단연코 종류의 다변화였다. 설문을 정리해 담당 팀원은 빵과 음료를 확대하는 안을 만들어 결재를 올렸다. 담당 팀장도 직원들의 만족도가 높고, 회사가 이런 배려를 해주는 것에 긍정적 이야기를 하는 것을 들어 흔쾌히 승인해 주었다. 하지만, 사장은 단호하게 더 이상 샌드위치와 우유를 제공하지 말라고 한다.

왜 사장은 이런 지시를 내렸을까?

사례 2 움직이지 않는 무거운 돌

거리 중앙에 커다란 돌이 떨어져 있었다. 사람이 들기에는 너무나 큰 돌이었기에, 마을 사람들은 한두 명 모여들었다. 돌을 튼튼한 끈으로 묶고 6명이 돌을 끌었으나 돌은 조금도 움직이지 않고 사람들은 지쳐 쓰러진다. 3명이면 충분히 옮길 수 있는 돌이었는데 왜 이런 일이 발생했다고 생각하는가?

[사례 1]의 아침 식사 제공을 사장이 거부한 것은 이 일이 줄 부정적 파급효과, 더 중요한 점은 조직문화 팀이 할 일이 아니기 때문이다. 로비에서 주는 샌드위치와 우유의 안전성, 회사가 어려워지면 가장 먼저 축소 내지는 폐지될 일인데 하필 먹는 것이다. 그리고 사람의 욕구는 갈수록 높아진다. 여러 부정적 요인이 많은 것도 있다. 무엇보다 이 일은 복리후생을 담당하는 조직에서 해야 하는데, 조직문화 팀이 하기 때문이다. 조직문화 팀은 직원의 허기를 채워주는 곳이 아니다. 해야 할 일의 방향을 잘못 잡은 것이다.

[사례 2]의 돌이 움직이지 않은 이유는 6명이 3명씩 양쪽으로

세우고, 돌을 끌었기 때문이다. 초등학교 줄다리기하는 것처럼 중앙에 돌을 놓고 양쪽 3명이 끄니 움직이지 않는 것이다. 돌을 치우려면 한쪽의 3명을 다른 쪽으로 한 방향 정렬을 시킨 후, 끌면 쉽게 치워진다. 역시 방향성의 문제이다.

조직문화의 방향은 무엇인가?

조직의 성과를 창출하는 두 가지 접근 방법이 있다. 하나는 개선하는 것이다. 발생된 문제의 근본 원인을 찾고, 개선하고, 매뉴얼을 만들어 가며 성과를 창출하는 방식이다. 다른 하나는 목표를 정해 달성해 가는 접근 방식이다. 바람직한 모습과 방향, 목표와 방안을 설정하고 이를 달성하기 위해 노력하며 성과를 창출하는 방식이다. 어느 것이 더 효과적인가는 조직과 구성원의 성숙도와 리더의 철학과 원칙에 큰 영향을 받는다. 지금까지 직장 생활과 직접 사업을 운영하면서 큰 비전을 설정하고 열정을 다해 따라잡는 방식을 선호했다. 더 어렵고 힘들었지만, 나아가는 과정이 즐거웠기 때문이다.

우리는 오랜 기간 목표의 틀에 갇혀 있었다. 회사의 목표가 먼저 정해지고, 본부와 팀, 개인에게 연계되어 열정을 다할 때 성과는 창출된다고 생각했다. 전략적 접근으로 목표를 어떻게 정하는가?

정한 목표를 어느 조직 누구에게 분장하여 실행하게 할 것인가? 주어진 목표를 어떻게 추진할 것인가? 등이 고민 사항이었다. 시간이 흐름에 따라 전략적 접근도 중요하지만, 문화적 접근도 매우 중요함을 알게 되었다. 미션과 비전을 달성하기 위해 어떻게 조직과 직원을 한 방향 정렬하게 할 것인가? 실행을 높여 성과를 극대화할 것인가? 조직과 구성원을 성장하게 하고 즐겁게 할 수 있는 방안이 무엇인가? 어떻게 하면 함께 일할 것인가?

문화적 접근의 핵심은 가치체계이다. 미션, 비전, 핵심 가치 중심으로 구성원들이 열정을 다하도록 하고 성과 창출을 견인하는 방법이다.

어떤 일을 하더라도 일의 의의를 알면 즐겁게 된다. 일의 의의는 왜 일을 하는가를 살피는 미션, 추구하는 것이 무엇인가를 살피는 비전, 어떻게 달성할 것인가 결정하는 핵심 가치가 있다.

조직문화의 첫 번째 방향은 바로 이 가치체계 중심의 한 방향 정렬이다. 조직과 구성원을 같은 생각과 행동으로 응집하게 하는 중요한 내용이다.

두 번째 방향은 스스로 완결하는 조직문화 정착이다. 자신의 조직의 미래 모습과 현재의 과제는 다른 조직, 사람이 아닌 자기 조직 내에서 완결하도록 조직문화를 가져가는 것이다.

세 번째 방향은 열린 소통이다. 전후좌우가 아닌 방향에 구애받지 않고 정보, 자료, 지식, 경험 등이 활발하고 열린 소통이 되도

어서와~ 조직문화는 처음이지?

록 조직문화를 가져가는 것이다.

네 번째 방향을 일하는 방식의 혁신을 통한 생산성 향상이다. 경영 스타일을 획기적으로 혁신하여 병폐를 제거하고, 성공 DNA 는 계승하고, 새로운 방식을 접목해 가며 조직과 구성원의 생산성 을 높이는 것이다. 회의와 보고의 방법을 개선하고, 우리에게 맞 는 경영 기법을 도입하고, 기존의 일을 하는 환경, 체계, 방법 등 을 시대를 선도할 수 있도록 창의적이며 성과지향으로 전환하는 것이다.

조직문화의 방향을, 무엇을 어떻게 정하는가는 무엇보다 중요 하다. 못지않게 중요한 것은 이끄는 리더와 추진 조직이다. 혼자 성과를 창출할 수는 있다. 하지만 높은 수준의 성과를 지속적으로 창출하기 위해서는 함께해야 한다. 방향, 리더, 추진 조직이 하나 가 되어야 회사와 구성원이 움직이지 않을까?

09

끼리끼리 문화로
내부 경쟁을 할 시기가 아니다

이너 서클(Inner circle)

공기업만의 일이 아니다. 끼리끼리 문화가 많은 기업과 조직에 만연되어 있다.

"A는 누구 편이고, B는 누구 편이야."

"이번에 누가 사장이 된다고 해. 전 사장 편에 있던 사람들 큰일이다."

"팀장과 정반대 편에 있는 B팀에 가서 농담 몇 마디 하고 왔는데, 팀에서 나를 바라보는 시선이 마치 스파이 보는 듯했다."

이너 서클의 문제는 한 회사만의 이슈가 아니다. 마치 전임자가 했던 일은 깡그리 무시하고 싶은 것이 인간의 심리인 것처럼 생각하고 행동한다. 자신은 아니라고 하지만, 측근이 가만있지 않는다. 결과로 보면 전임자가 했던 일들을 잘못된 의사결정이라 판단하고, 하나하나 바로잡는다며 없앤다. 그것이 옳은 일이라고 생각한다. 이 중에는 전임자가 이전 전임자로부터 이어받은 원칙도 있고 약속도 있다. 전임자의 공은 사라지고 잘못만 남게 된다. 이

전 전임자의 사람이 조직에 남아있고, 전임자의 사람도 남아있다. 현재 집권 세력이 힘이 있으니까 참고 있지만, 두고 보자는 생각이 그들에게는 있다. 이러한 회사의 조직문화는 '이 또한 지나간다'라는 생각이 만연되어 있고, '너희도 다음에 어떻게 되는가 보자'라는 생각이 많다. 미래를 생각하기도 바쁜데, 내부의 경쟁과 갈등으로 조직이 썩어간다.

이제는 통합의 리더십이 절실하다

못 입고 못 먹고 못 살던 시대가 있었다. 조그만 방 하나에 3~4명이 함께 잠을 자고, 하루에 두 끼만 먹어도 행복했던 때가 있었다. 먹을 것이 생기면 독식이 아닌 나눠 먹을 줄 알았고, 좋은 일이 생기면 다들 즐거워했다. 물론 이 시대에도 끼리끼리 문화가 있었지만, 가진 사람이나 못 가진 사람의 구분이 크지 않기 때문에 행복할 수 있었다.

상황이 바뀌어 가진 사람이 독식하는 문화가 형성되었다. 빈부의 격차도 심해지고, 한두 명을 낳아 오냐오냐 기르다 보니 집에서부터 공동체 의식이 사라졌다. 더불어 살아가는 사회가 아닌 내 자식, 나만 잘되면 된다는 사회로 변해 가는 듯하다. 자신의 주변을 보면, 전부가 타인의 도움을 받아 이룩된 것임에도, 내가 돈

주고 샀으니 내 것이란 생각이 강하고 감사하는 마음이 없다. 언론을 보면 전부 승자의 논리이다.

망하지 않는 것은 없다. 시간의 차이가 있을 뿐. 언젠가는 사람이 죽고, 조직도 사라지게 된다. 우리나라에서 100년 이상 된 기업이 몇 곳 되는가? 수천 년 갈 것 같지만 100년도 가지 못한다. 나라는 절대 안 망할 것 같아도 힘이 없으면 망할 수밖에 없다.

얼마 전 태국에 간 적이 있다. 모시던 상사가 태국에서 석사를 받고 박사 수료를 했다. 1970년대 태국은 우리나라보다 매우 잘사는 나라였다. 지금 가본 태국은 과거를 먹고 사는 나라 같았다. 선조들의 문화유산으로 먹고 살 뿐, 국민들의 생활에서 나라의 미래 비전과 전략을 찾아보기 힘들었다.

8년 동안 8명의 조직장이 바뀐 조직을 맡은 적이 있다.

조직 분위기는 패배주의가 팽배하였다. 내 일만 하면 된다는 생각이 강했고, 시키면 한다 주의였다. 오죽하면 전입을 온 A대리가 이 조직으로 옮기겠다고 하니, 담당 팀장이 그 조직만 빼고 다른 조직으로 간다면 보내주겠다고 했다고 한다. 내가 너를 아끼기 때문이란 말을 덧붙이고. 이 조직의 가장 큰 병폐는 조직장이 자주 바뀌다 보니 새로운 조직장을 도운 사람이 다음 조직장이 왔을 때, 인사 평가가 갑자기 나빠지고 하찮은 직무를 수행하게 된다는 점이었다.

조직장으로 가서 가장 먼저 한 일은 직원들과 면담을 통해 어떤 조직으로 만들 것인가? 이를 위해 무엇을 해야 하는가? 당신이 조직장이라면 무엇을 시급하게 할 것인가? 지금 하고 싶은 직무가 무엇인가? 등을 파악했다. 직원들의 요구에 따라 이동을 실시했고, 조직의 3년 후 비전과 전략, 중점 과제와 추진 방안을 작성했다. 전체를 모아 3개년 계획을 설명하며, 우리가 이런 모습으로 가기 위해 여러분의 단합된 힘이 필요하다고 역설했다. 한 명 한 명 면담을 하면서 먼저 그들의 이야기를 들었다. 이후, 3년 후를 향해 현재의 직무를 이렇게 바꿔가야 함을 강조했다. 과거가 아닌 미래를 강조했다.

이제는 통합을 보여줄 때이다.

세계는 자국 이익을 위해 글로벌 경쟁에서 우위를 차지하기 위해 피나는 노력을 하고 있다. 미래 지향적인 가치로 강대국이 국민들을 통합하여 나가는 동안, 우리는 양당의 갈등과 발목 잡기가 미래 성장을 대신하고 있다. 세계는 미래를 이야기하는데, 우리는 제대로 방향을 잡고 집중하는가, 묻고 싶다. 국가가 하나의 거대한 플랫폼이 되어 미래 성장을 이끌 국가 철학과 원칙, 중점 과제를 정해 한 방향으로 이끌어야 한다. 과거 경제개발 5개년 계획과 중화학공업 육성 전략이 우리를 성장시켰다면, 새로운 변화에 선점할 수 있는 역량에 집중해야 한다.

향후 5년이 우리의 미래를 결정하는 중요한 분수령이 될 것이다.

지금 끼리끼리 문화로 내부 경쟁을 할 시기도 아니고 여유도 없다.

10

신뢰, 어떻게 내재화하고
실천하게 할 것인가?

재택근무의 기반은 신뢰

신뢰를 어떻게 정의 내리고 있는가?

근무했던 GS칼텍스에서는 신뢰를 "자신이 맡은 역할을 다하고 서로 믿고 존중한다"로 정의 내리고 있다. 일단, 자신이 맡고 있는 역할과 책임을 다하라고 강조한다. 자신의 일도 못 하면서 남의 일을 돕거나 간섭하는 일은 올바르지 못하다. 서로 믿고 존중하기 위해 이 회사에서는 다양성의 인정과 열린 소통을 강조한다.

재택근무가 일상화되었다. 관리자 이상 경영자는 출근하지만, 팀원들은 조를 편성하여 재택근무를 한다. 재택근무의 장단점은 분명하다. 조직장에게 재택근무가 장기화될 경우를 물으면, 견디기 힘들 것이라 답한다. 재택근무보다는 사무실 근무가 효과적이며 일의 성과가 높다고 한다. 반면, 직원들에게 질문하면 큰 문제 없고 IT 기반의 재택근무가 더 효율적이라고 한다. 신뢰가 바탕이 되어야 한다는 점은 둘 모두의 공통점이다. 믿고 맡겨야 하며, 재택근무를 하면서도 주어진 자신의 과업을 완벽하게 수행해 성과를 창출해야 한다. 나아가, 비록 대면 소통은 할 수 없지만, IT 기반의 다양한 소통을 통해 만나지 못하는 벽을 뛰어넘어야 한다.

A회사도 재택근무를 실시하고 있다. 이 회사의 재택근무는 본인 신청에 의해 자발적으로 운영된다. 출근하고 싶은 직원은 출근하고, 재택근무 할 직원은 2주 단위로 재택근무를 실시하면 된다. 그라운드 룰이 있기는 하지만, 조직장과 직원 모두가 자신의 역할, 해야 할 일, 결과물에 집중한다. 재택 근무자와 사무실 근무자가 업무 시간에는 부단히 소통한다. 재택근무라고 개인 업무를 보는 직원은 없다고 믿는 것이 이 회사 임직원의 생각이다.

회사의 신뢰, 어떻게 측정하는가?

A회사의 신뢰지수를 측정하기 위해 설문조사를 실시하였다. 설문은 20개 객관식 항목으로 하였다. 설문은 5점 척도(매우 그렇다 ~ 매우 아니다)로 하였고, 분석은 긍정 응답률('그렇다', '매우 그렇다'만 집계)로 하였다.

❶ 누구든지 열심히 하면 인정을 받는다.

❷ 임직원은 업무 달성을 위해 진심으로 시간과 노력을 할애한다.

❸ 직원들은 서로 협조적이다.

❹ 조직장은 직원의 질문/ 제안에 대해 즉시 피드백을 해준다.

❺ 직원들은 업무능력 향상을 위한 교육 기회를 제공받고 있다.

❻ 임직원은 자기 일에 긍지를 가지고 있다.

❼ 직원들은 조직장과 열린 마음으로 대화를 나눈다.

❽ 조직장은 직원들이 제안이나 아이디어를 내도록 장려한다.

❾ 조직장은 직원들의 의사결정에 담당자를 참여시킨다.

❿ 성별에 구애됨이 없이 평가, 승진 등은 공정하게 이루어진다.

⓫ 조직장은 정도 경영을 실천하고 약속을 잘 지킨다.

⓬ 조직장은 말과 행동이 일치한다.

⓭ 직원들은 여기서 일하는 것을 자랑스럽다고 말한다.

⓮ 직원은 이의를 제기하면 공정하게 처리될 것이라 믿는다.

⓯ 회사는 크고 작은 일들을 축하해 준다.

⓰ 임직원은 서로 하나라고 느낀다.

⓱ 직원들은 조직장의 방향제시와 의사결정은 옳다고 생각한다.

⓲ 임직원은 직원들을 인격적으로 존중한다.

⓳ 직원들은 회사에 기여하고 있다고 생각한다.

⓴ 직원들은 신입직원이 오면 따뜻하게 맞이해 준다.

위 문항으로 설문을 실시하면 긍정 응답률이 몇 점 되겠는가?

80점 이상이면 매우 신뢰지수가 높은 회사라고 자부할 수 있다.

신뢰의 내재화와 체질화를 위한 방안

회사에 신뢰가 깊게 뿌리박게 하기 위해서는 설문조사만 실시해서는 곤란하다. 신뢰 수준이 어느 정도인가를 알았다면 보다 높은 수준의 신뢰를 구축하기 위해 많은 노력이 필요하다. 가장 먼저 할 일은 전 직원 대상의 신뢰 실천 사례 발굴이다. 직원들의 신뢰 사례를 접수해야 하는데, 막상 사례 작성이 쉽지 않다. 매주 팀별 1개씩 신뢰 게시판에 쉽고 작은 것부터 작성해 올리라고 하고 그중에 1~3개를 선정하면 된다. 매주 신뢰 실천인을 선정하고 사례와 실천인이 어느 정도 구축되면 이를 중심으로 매뉴얼과 강의안을 만들어 교육을 실시하면 된다. 다른 회사 또는 유명인의 신뢰 사례와 강사가 아닌 우리 회사의 사례와 임직원이 강사로 하면 의미가 크다.

신뢰 내재화와 체질화를 위해서는 조직과 담당자는 필수이다. 조직과 담당자가 있다면 신뢰지수 관리, 내재화와 체질화 추진, 현업의 전파 활동, 점검과 피드백, 인사제도와의 연계, 조직장과 경영층의 참석 활성화 등을 지속적으로 추진할 수 있다.

중요하다면 더 관심을 가지고 지속적으로 관리하고 실행해 가야 한다.

11

신뢰를 쌓는
9가지 방법

신뢰란 무엇인가?

A회사의 CEO는 직무 관련 전문가이다. 그 분야에서 가장 유명한 세계 1위 대학의 박사이며, 미국 연구소에서 10년 이상 근무한 화려한 경력을 가지고 있다. 귀국하여 회사를 창업하여 2천 명이 넘는 직원이 될 정도로 성장시켰다. 이 회사의 핵심 가치 중에 신뢰가 있다. 하루는 CEO와 인터뷰하면서 왜 신뢰를 핵심 가치로 정했느냐고 물었다. 처음에는 기업은 관계의 집단이고, 관계의 중심에는 신뢰가 있어야 한다는 일반적 이야기를 하였다. 보다 심층 인터뷰를 진행하니, 과거의 경험을 이야기해 준다. 미국 연구원 시절, 자신이 생각한 프로젝트 관련 이야기를 해준다. 함께 일하던 동료 연구원에게 자신의 프로젝트에 대해 설명해 주었는데, 얼마 되지 않아 회사가 추진하는 프로젝트 공모에 자신의 프로젝트가 선정되었다. 자신이 신청하지 않았는데 선정된 것도 놀라웠지만, 프로젝트 책임자는 바로 그 동료 연구원이었다. 한국

에서 마침 사업을 구상 중이었기에 퇴직 후 귀국하여 이 프로젝트 관련 국제 특허를 신청하였고, 이를 기반으로 지금의 회사를 창업하였다고 한다. 믿었던 만큼 실망과 배신이 컸기 때문에 사람에 대한 신뢰가 가장 중요하다고 생각한다. 자신은 사람 채용 시, 전문성도 중요하지만 인성이 가장 중요하다며 매년 신입사원 채용 면접에 한 번도 빠진 적이 없다고 강조한다.

CEO가 생각하는 신뢰는 크게 3가지였다.

첫째, 자신이 무슨 역할을 맡고 있는가를 분명히 알고 자신의 일에 그 역할을 다하는 것.

둘째, 함께 일하기 전에는 면밀하게 체크하여 의심이 나면 처음부터 함께하지 않고, 점검이 끝났으면 무조건 믿는 것.

셋째, 자라온 환경, 배움, 생각의 정도가 다름을 인정하고 상대를 존중하는 것이라 한다.

신뢰를 쌓는 9가지 방법

최근 읽은 『꾸짖는 기술』(나카시마 이쿠오, 다산 북스)의 신뢰를 쌓는 9가지 방법을 소개한다.

❶ 유심히 관찰한다.

❷ 모든 직원의 장점을 발견한다.

❸ 꾸짖는 이유를 이해시킨다.

❹ 먼저 말을 걸어 대화의 양을 늘린다.

❺ 상담하기 편한 분위기를 만든다.

❻ 겸허해라.

❼ 지켜보고 있다는 메시지를 보낸다.

❽ 칭찬과 꾸짖음의 포인트가 같아야 한다.

❾ 어설프게 꾸짖지 않는다.

(진심을 다해 당당하고 자신 있게 꾸짖어라)

신뢰를 이야기할 때 가장 강조하는 점은 '관심과 진정성'이다.

멘토인 김 사장이 어느 날 오라고 한다. 10여 개 되는 보고서를 보이며 잘못된 보고서를 찾아보라고 한다. 이유를 물을 수 있는 분위기가 아니기에 보고서의 제목과 전체적인 프레임워크(framework)를 보았다. 제목을 보며 나라면 이 보고서에서 얻고자 하는 바와 성취해야 할 결과를 생각하고 프레임워크를 보며 내 생각과 다른 보고서를 선정했다. 사장에게 "이 세 보고서가 잘못된 보고서"라고 하자, 왜 잘못된 보고서라고 판단했는지 설명을 부탁한다. 제목을 보고 얻고자 하는 바와 성과물을 생각한 후 전체 목차를 봤는데 생각과 차이가 있었다고 설명했다. 무슨 차이가 있냐고 묻는다. 하나의 보고서를 놓고 생각과 내용 그리고 결과물의 차이를 설명했다.

사장은 조직장은 징검다리가 아니라며, 자신의 철학과 생각이 보고서에 담겨야 한다. 담당자의 철학과 생각만 있을 뿐, 조직장의 생각이 없는 보고서는 혼이 없는 보고서이다. 자신의 혼을 보고서에 담으라고 한다. 이 혼이 담길 때, 일을 하는 직원도 성장하고 조직장을 신뢰한다고 한다. 사무직의 제품은 보고서이다. 제품에 혼을 심어야 하듯이 보고서에 혼을 담는 것은 너무나 당연하다. 이렇게 일하는 것이 조직장과 직원 간의 신뢰라고 강조한다. 좋은 가르침에 감사 인사를 하고 나오면서, 진정한 신뢰는 이렇게 쌓임을 배울 수 있었다.

신뢰가 쌓이면 힘든 일을 줘도 감사한다

상사가 자신의 롤 모델이고 가장 존경하는 상사라면, 이 상사가 해낼 수 없을 수준의 도전 과제와 힘든 일을 지시해도 자신을 믿고 성장하라는 의미라 생각하며 최선 그 이상을 한다. 하지만, 기본적인 신뢰가 없으면 이러한 상황에서 '왜 나만 미워할까? 이렇게 일하면 병원에 가게 된다'라는 생각에 불만을 토로하며 회사를 그만두거나 못 한다고 한다. 상사에 대한 신뢰가 쌓여 있지 않으면, 상사가 너를 후계자로 생각했다는 말이 가슴에 새겨지지 않는다. 이 상황을 모면하려는 핑계라고 생각한다.

창업자의 자서전을 보면, 한두 명의 마음을 준 후배 또는 동반자가 있다. 이들은 무에서 유를 창출하며, 죽음도 함께할 정도로 신뢰로 똘똘 뭉쳐 있다. 모진 역경을 겪어온 탓도 있겠지만, 무엇보다 마음을 열고 서로에게 정성을 다했다. 서로의 진정성이 가슴 깊이 간직되어 있기 때문에 갈등과 오해가 있을 법한 상황에서도 이들은 서로를 믿는다.

조직장은 주고받는 사람이 아니다. 주고 또 주면서 직원들의 마음속에 간직되어야 한다. 직원과 신뢰가 쌓이면 그들은 내부의 일, 상사의 조그만 잘못에 대해 불만을 토로하거나 외부에 말하는 일이 없다. 조직장이 신뢰를 주지 못하기 때문에 직원들은 불만과 갈등이 생기고, 내부에서 해결하지 못하고 외부의 힘에 의존하게 된다.

어서와~ 조직문화는 처음이지?

12
일하는 방식을 혁신하려면?

기존의 일하는 방식의 활동은 효과적이었는가?

갈수록 성과는 점점 떨어지고 있고, 문제는 앞으로 성과가 나아질 기미가 없다. CEO의 고민이 더 깊어지는 것은 조직과 경영자의 보고와 일하는 모습에 절박감과 악착같음이 느껴지지 않는다는 점이다. 보고와 회의는 정말 많은데, 결정되어 실행되고 성과를 창출하는 과제는 매우 적다. 시작은 했는데 물어보면 추진 중이라고 한다. 어느 단계, 어느 수준까지 왔냐고 물으면 말이 없다. 4개월 목표로 되어 있는 프로젝트가 마감이 한 달이나 지났는데도 진행 중이라고 한다.

이유는 너무나 많다. 법 때문에 안 된다, 고객들이 외면한다, 재무 부서에서 지원하지 않는다, 일할 사람이 없다 등등. 이런 상황이면 회사가 전략을 수립하고 계획을 짜는 것이 의미가 없다. 의사결정이 되지 않고 실행이 뒤따르지 않는다. 구성원들에게 치열한 도전과 열정은 사라지고 '누군가 이끌어 주겠지' 하는 심정만 남은 듯하다.

A기관에서 Global CEO 1,020명을 대상으로 고민을 물어본
결과, 1위는 비즈니스 모델 혁신(71%), 2위는 고객과 실행력 강화
(66%), 3위가 브랜드 파워(43%), 4위가 글로벌 파트너십(28%)이었다.
글로벌 저성장의 지속, 경쟁사의 놀라운 기술 변화, 글로벌 최고
와의 경쟁, 앞서가는 고객 니즈 등 외부 환경은 갈수록 힘들어진
다. 하지만, 내부 조직 및 구성원의 고객과 실행력에 대한 수준은
갈수록 떨어진다. CEO가 기대하는 수준에 비해 임직원의 역량은
따라가지 못하고 있다. 구성원들이 위기는 느끼지만, 도전과 실
행하려는 노력은 갈수록 떨어지며 안정을 추구하는 경향이 심각
하다. 이러니 CEO의 고민은 깊어질 수밖에 없다.

이러한 현상을 타파하기 위해 많은 기업이 여러 활동을 전개
하였다. 삼성은 Work Smart, GWP, Single Office, 직급 폐지
및 호칭 파괴 등의 혁신 활동을 전개하였다. LG는 111회의, 1
등 문화 만들기, 그룹 차원의 리더십 진단 등을 추진했다. SK는
SKMS의 지속적 추진을 기반으로 보고 문화 혁신, 일하는 방식
혁신, 조직 활성화 등을 진행했다. POSCO와 KT는 인사 혁신,
Smart Workplace 등의 과거 독점과 관공의 의식을 개혁하는 노
력을 해왔다. 기타 많은 기업이 회의 시간 축소, 1페이지 보고서
작성, PPT 작성 금지, 현장 경영, 고객 감동 이벤트, 칭찬합시다,

제안 제도, 실패 장려, 실행력 교육, 야근 최소화, 재택근무, 소통 활성화 등 수많은 노력을 했다. 하지만, 달라진 것은 크게 없었고 이러한 활동에 대한 임직원 만족도는 그렇게 높지 않다.

무엇이 문제인가?

일하는 방식의 혁신을 위해서는 직원이 아닌 경영층을 대상으로 정한 것은 옳다. 문제는 업무 수행의 효율과 효과를 위해 무엇을 개선해야 하느냐에 있었다. 표면적으로 보이는 것을 개선해 나가면 지금은 바뀐 것 같지만 시간이 조금 지나면 원위치가 되어버린다. 내면적인 가치와 사고의 혁신이 개선되지 않고는 일하는 방식은 바뀌지 않는다고 판단하였다.

구성원들은 리더의 일하는 방식을 닮고 싶어 하거나 따라서 한다. 결코 새로운 방법, 더 효과적인 방법이 있다고 하더라도 리더의 생각이나 방식에 역행하려 하지 않는다. 리더 역시 과거의 성과, 지식이나 경험, 과거 추진했던 방식에 익숙해 있다. 유사한 상황이나 과제에 대해서는 과거 했던 방식을 답습하게 된다. 리더가 틀을 잡아주고 결과 모습을 제시하면, 직원들은 이를 부정하고 자신만의 방식을 가져가기는 힘들다. 결국 리더가 본을 보여야 한다. 일에 있어 사고하는 방식과 일하는 방식의 변혁은 직원이 아닌 임원부터 관리자 그리고 직원으로 내려와야 한다.

일의 본질인 내재된 사고방식이 바뀌지 않으면, 실질적인 일의 변화는 지속하지 못한다. 일하는 방식의 변화를 위해 환경 개선, 회의 또는 보고 문화 개선, 1페이지 보고서 작성과 직급 파괴 등이 어느 정도 효과를 가져올 수는 있겠지만, 의식이 바뀌지 않으면 지속할 수 없다.

임원들과의 미팅을 통해 일하는 방식의 저해 요인들을 살펴보았다.

① 내부 지향적 가치에 매몰되어 사업의 본질을 이해하지 못한다. 임직원이 안전에 치중하여 도전하고 혁신하면 망한다는 사고에 꽉 차 있다. '가만히 있어도 이익이 나는데 왜 고객 욕구를 파악하고 무모한 도전을 하느냐'라는 사고를 가지고 있다.

② 정 대리와 같은 정 상무이다. 경영자가 자신의 역할을 알지 못하고 무조건 나를 따르라는 식의 자기중심적 일 처리를 한다. 자신이 할 일을 직원에게 떠넘기는 등 부서와 개인 이기주의를 야기한다.

③ 흔들리는 회사와 개인 비전이다. 방향을 모르는 직원, 현 상태에 안주하거나, 내가 아니면 남이 하겠지, 회사의 이익보다는 나의 이익을 우선으로 하는 식의 행동이다.

④ 일방적이고 획일적인 인사제도이다. 능력과 성과보다는 상사와의 관계가 우선하고, 그때그때 바뀌는 인사제도와 공정보다는 공평을 당연하고 우선시하는 관행이다.

⑤ 공평과 상호 의존의 비효율 문화이다. 전원 합의와 상향 의존적인 의사결정 경향이 팽배하다. 내 것만 건드리지 않으면 된다는 갈등을 회피하고 온정적 자세, 한계를 당연시하는 문화로 목표를 하향하고 안 되는 이유를 찾는 관행 등이 주원인이었다.

일하는 방식의 변화를 위해 어떤 전략이 필요한가?

회사가 추구하는 비전과 설정한 목표를 달성하기 위해서는 결코 혼자 해낼 수 없다. 임직원이 한마음이 되어 한 방향으로 가야 하며, 악착같은 실행이 뒤따르지 않으면 성과는 절대 창출되지 않는다. 사고와 행동의 변혁이 일어나야 한다. 이를 위해서,

첫째, CEO부터 솔선수범하여 본을 보여야 한다.

CEO가 출근도 제대로 하지 않고, 중식 후 3시까지 낮잠을 자거나, 의사결정을 전부 본부장들에게 미루고, 4시 이후에는 볼 수 없다면 임직원의 일하는 방식의 변화와 실행은 기대할 수 없다.

CEO가 회의와 보고 시 불필요한 관행을 과감히 없애고, 의사결정을 할 수 있는 사람만 참석하여 최대한 효율을 가져가야 한다. 보고 시기와 방식을 CEO가 결정하고, 내용을 다 알고 있으면 회의 등을 생략하고 바로 실행하도록 하고 결과만 챙기면 된다. 변화는 사람을 바꿔야 한다. 사고방식이 회사 방침과 부합되지 않는 경영진을 퇴출시키고, 경영진이 눈치 보지 않고 변화를 실천할

수 있도록 해야 한다. 뛰어난 사람을 관리자와 예비 경영자로 발탁 선발하고 임원으로 확정하는 등 핵심 인재를 선발하고 관리하여 도전 의식을 이끌어야 한다. 자신이 그만두더라도 지속적으로 추진되도록 일하는 방식의 변화를 공고히 할 수 있는 제도와 시스템을 지속적으로 개선해야 한다. 주관 부서를 정해 추진하고 점검해야 한다.

둘째, 고객 중심의 일하는 행동 변화를 이끌어야 한다.

회사가 잘하는 것보다 고객이 원하는 것을 찾고 우선해야 한다. 현장을 직접 방문하여 더 많은 핵심 고객을 접촉하고, 경영자가 해야 할 일과 담당자가 해야 할 일을 분명히 정하고, 고객을 둘러싼 지역, 경쟁사 등의 정보를 수집하여 전략에 반영해야 한다.

셋째, 강한 임파워먼트(Empowerment)를 통한 명확한 결정과 위임을 해야 한다.

회사의 비전과 전략과 연계하여 경영자와 관리자가 자신이 속한 조직의 비전과 전략을 수립하여 구성원들에게 내재화시키고 실천할 수 있도록 해야 한다. 담당하는 직무에 대해서는 자신이 CEO라는 생각을 갖고 주도적이며 자율적으로 이끌 수 있도록 직원들을 교육하고 권한위임해야 한다. 의사결정을 함에 있어 전사적 관점에서 이해관계자를 한곳에 모아 한 번에 결정을 내리도록 원칙을 정하고 추진해야 한다.

넷째, 보고와 회의 문화의 개선이다.

오래된 기업일수록 상사가 싫어하는 쟁점에 대해 이견을 제기

어서와~ 조직문화는 처음이지?

하기 어려운 구조이다. 구성원들이 자유롭게 말하거나 자료를 공유하지 않는다면 성과는 기대할 수 없다. 회사 성과가 최우선이라는 합의하에, 생산적 갈등과 실패를 인정하는 문화를 이끌어 가야 한다. 조직의 갈등을 숨기지 않고 공론화하고, 회의와 보고 원칙을 정해 철저히 추진해야 한다. 대면 중심의 불필요한 보고와 회의를 과감히 없애야 한다. 사전에 자료를 공유하고 꼭 필요한 사람만 참석하고, 기여하지 못하는 사람은 참석하지 못하게 해야 한다. 모든 보고와 회의는 끝장을 보도록 이끌어야 한다. CEO와 사업본부장이 참석하는 경영 회의의 첫 안건이 마감이 지난 과제의 마감기간 재 설정이라면 마감을 지키지 못하는 과제는 금방 사라지게 된다. 안건이 없으면 경영 회의를 할 이유도 없어야 한다.

다섯째, 인사제도와의 연계이다.

한계상황에 도전하여 성공하였을 때 보상을 극대화해야 한다. 실패했더라도 상황이나 노력 여부를 고려하여 실패를 인정하는 제도를 만들고 홍보하여 활용하도록 해야 한다. 잘하는 조직과 개인은 사례를 만들어 적극 홍보해야 한다. 안 되는 조직은 찾아가 문제점을 파악하고 내부 컨설팅을 통해 개선토록 해야 한다. 공정해야 한다. 일하는 방식 혁신 지표를 만들어 각 사업 조직이 어느 수준에 있고 어느 곳이 잘하고 있는가를 점검하여 활성화하도록 지속적으로 가져가야 한다.

한순간에 사고와 행동의 방식이 변할 수 없다. 작은 것부터 철저하게 습관화하여 일상화되도록 가져가야 한다. 체중을 줄이기 위해서 굶고 무리하게 운동하다가는 건강을 잃게 되는 경우가 생긴다. 매일 5~10분 줄넘기하는 것을 지속하다가 점차 늘려가는 것이 더 바람직하다. 일하는 방식의 변화는 기업의 특성에 따라 다르다. 경영층부터, 내재화부터, 제도적 구축으로 지속되도록 가져가는 방안이 가장 효과적이라고 판단한다.

어서와~ 조직문화는 처음이지?

13
정도 경영의 실천은 기본이다

직원은 상사의 언행을 따라 한다

조직장이 솔선수범의 모범을 보이라고 강조한다. 직원들은 조직장이 하는 언행을 지켜보고 따라 하기 때문이다.

중견기업인 A회사의 인사 팀장은 매년 100명 가까이 되는 신입 및 경력사원을 채용한다. 서류심사의 경쟁률은 거의 100:1 수준이며, 면접은 최종 합격자의 5배수를 뽑는다. 1만 명이 지원하여 9,500명이 서류에서 탈락하고, 500명 중 400명이 면접에서 탈락한다.

채용 브로커인 B는 인사 팀장과 동향으로 고등학교 1년 후배이다.

B는 자체 네트워크를 통해 이 회사에 서류전형 합격을 200만 원, 면접 합격은 1,000만 원을 받고 물밑 거래를 시도했다. 인사 팀장은 B에게 입사 지원자, 예상 합격자 명단을 주고 매월 300만 원을 받았다. 별도로 서류 합격을 요청받아 합격하면 100만 원,

최종 합격은 500만 원을 추가로 받았다. 3년이 지나도록 이들의 부정은 성공리에 진행되었다. 이번, 면접 합격을 해준다고 1,000만 원을 준 지원자가 탈락하였는데, 낸 돈을 받지 못하자 이를 공론화하여 밝혀지게 되었다. 브로커인 후배가 검거되었고, 결국 인사 팀장도 회사에서 해고되고 구속되었다.

B회사의 재무 팀장은 회사가 보유하고 있는 이익잉여금을 활용하여 부동산에 투자했다. 투자한 부동산이 얼마 가지 않아 1.5배 가격이 뛰어 큰 이익을 주었다. 공금을 집어넣고 기회가 생기면 또 활용하고 여러 번 개인 이익을 챙겼다. 하루는 지인으로부터 값싸게 건물이 나와 구입하면 큰 이익이 된다는 정보를 들었다. 큰돈이었지만, 회사 이익잉여금, 자신이 갖고 있는 자금, 대출을 받으면 가능한 금액이었다. 재무 팀장은 회사 공금을 활용해 여러 번 이익을 보았기 때문에 이번에도 큰 이익을 기대하고 투자를 했다. 계약이 체결되었지만, 이전 건물주가 입주 상인들의 전세 및 보증금을 가지고 해외로 도망을 갔다. 결국 재무 팀장은 공금횡령으로 구속되었다.

인사 팀장과 재무 팀장은 사고만 나지 않는다면, 문제 될 일은 없다고 생각했을 것이다. 자신이 담당하는 일이기에 자신만 실수하지 않는다면 된다고 생각했을 것이다. 직원들은 팀장이 이런 부정행위를 하는 것을 모를 수 있다. 하지만, 달라진 그들의 모습

어서와~ 조직문화는 처음이지?

에 이상하다고 생각하지 않았을까? 본인들은 업무 수행 과정에서 한 점 부끄러움 없이 공정하고 떳떳하게 의사결정을 할 수 있었을까? 직원의 부정행위에 강하게 질책하고 다시는 하지 못하도록 할 수 있었을까? 자신은 부정을 일삼지만, 직원들은 모두 규정과 기준을 지키며 공명정대하게 일 처리를 한다고 믿었을까?

정도 경영은 말로만 외친다고 지켜지지 않는다

A백화점을 방문했다. 어릴 적부터 "남의 집에 갈 때, 빈손으로 가지 말라"고 배웠다. 굳이 선물을 사서 가는 것보다는 회사 제품을 포장해 약속 시간에 담당자를 만났다. 명함을 교환하고 회의장으로 이동했다. 방문 내용을 사전에 전달했기 때문에, A백화점 회의장에 설명 자료가 준비되어 있었고, 담당 팀장이 상세하게 설명해 주었다. 몇 가지 궁금한 점을 묻고 정한 시간이 되어 담당자에게 감사의 표시로 회사 제품을 전달하였다. 담당자는 마음만 받겠다고 한다. 자신들의 정도 경영에 어긋나는 행동이며, 정도 경영 지침은 명함 뒤에 있으니 명함을 봐달라고 한다. 7가지 정도 경영 준수사항이 적혀 있는데, "그 어떤 경우에도 고객의 선물을 받지 않는다"가 적혀 있었다. 이것은 선물이 아니고 회사에서 만든 제품이라고 해도 정중히 마음만 받겠다고 한다. 결국 전달하지 못하고 방문을 마친 적이 있다. A백화점을 나오면서 담당자에

게 감사 문자를 보냈다. A백화점 정도 경영 사무국에 방문 내용을 설명하며, "이렇게 현장에서 정도 경영이 철저하게 준수되는 모습에 감동을 받았고, 귀사의 지속 성장을 기원한다"라고 문자를 남겼다.

어떻게 실천하게 할 것인가?

정도 경영을 전 직원에게 내재화시키고 실천하게 하기는 쉽지 않다.

첫째, 정도 경영 담당 임원 임명과 팀 조직을 구축해야 한다.

조직이 있어야 일의 책임이 명확해진다. 정도 경영에 대한 원칙과 윤리강령 등을 정하고, 임직원 교육, 사내 강사 양성과 활용, 사례 개발과 홍보, 사전 진단과 예방, 사건 발생 시의 조치 등을 담당하게 해야 한다. 이러한 정도 경영팀은 CEO 직속 조직으로 가져가는 것이 옳다.

둘째, 정도 경영에 대한 행동강령 교육과 점검이다.

어떠한 원칙이 정해졌으면 무조건 지켜져야 한다. 일반적이고 애매한 문장으로 되어 있으면 행동으로 실천되기가 어렵다. 구체적인 행동 지표로 기술되어 이런 행동을 하지 말아야 한다는 것을 분명히 알게 해야 한다. 정도경영 지표를 중심으로 전 조직 진단을 실시하고, 행동 지표는 암기할 수 있도록 승진이나 사내 집합 교육, 평가에 반영해야 한다. 가장 중요한 것은 위반한 임직원에 대해서는 아무리 성과가 좋아도 예외가 인정되어서는 안 된다.

셋째, 문제 파악을 위한 채널 구축이다.

글로벌 기업인 B사 사무실 전화기에는 전부 외부 노무법인 전화번호가 부착되어 있다. 사내 신고는 신분 노출과 비밀 보장이 되지 않기 때문에 외부 전문가에게 직접 전화하도록 되어 있다. 말 못 하고 고통받는 사람의 심정을 생각해 봐라. "왜 찾아와 말하지 않았니?"란 말은 리더가 할 말이 아니다. 알려지는 것이 두렵고 무섭기 때문에 하고 싶어도 못 한다. 고통받는 사람뿐 아니라 목격자가 조금은 편하게 문제를 알릴 수 있는 채널이 필요하다.

조직을 만들고, 담당자를 선정하고, 행동 지표를 만들어 외우게 하고, 채널이 있다고 정도 경영이 지속되는 것은 아니다. 가장 중요한 것은 직원을 소중히 여기는 마음이고, 이것이 계승되도록 조직 문화로 구축해야 한다.

지금 우리 회사의 정도 경영은 잘 실천되고 있으며, 몇 점 수준일까?

14

어떻게 책임지는 경영을
하게 할 것인가?

믿고 맡길 수 있는 회사를 만들고 싶다

오너 CEO의 경우, 사업 본부장들이 회사 전체를 바라보며 의사결정을 해 주길 원한다. 사업 본부장들이 길고 멀리 보면서 전체의 관점에서 성과관리를 해야 하는데, 갈수록 자신의 사업부만 생각하고 단기 실적 중심의 의사결정 하는 것에 대해 우려가 크다. 단기적 시각을 갖고 있다 보니, 미래 사업의 방향이나 전략이 없다. 사업에 대한 책임감도 없으며, 조직과 개인 이기주의가 팽배하게 된다. 오너 CEO들은 각 사업을 책임지는 경영자들이 세계 시장으로 눈을 돌리며, 10년 후 조직과 구성원들을 먹여 살릴 신사업이나 제품을 고민하고 개발해 주기를 원한다. 변화의 흐름을 선도하여 앞서 나가길 기대한다. 회사의 인재들이 나날이 성장하고 보다 높은 수준의 과업이나 프로젝트를 주도적으로 이끌어 가길 강조한다.

하지만, 현실은 현재 사업이나 제품을 유지하거나 개선하는 수준에 머물고 있다. 새로운 것에 도전하며 실패하더라도 악착같이 밀어붙이며 자신의 사업을 획기적으로 변화시키려는 열정을 찾아보기 어렵다고 한탄한다. 전사 메가 프로젝트를 만들어 가장 우수한 인재들을 선발하여 미래를 준비해야 하는데, 자신이 속한 조직만 생각하고 의사결정을 한다고 아쉬워한다. 더 심각한 것은 상호 소통을 하지 않는다는 점이다. 내 일이 아니면 관심을 가지려 하지 않다 보니 역량 수준이 매우 떨어져 있다는 점이다. 오랜 기간 함께 고생하며 현재까지 온 정을 생각하니, 과감하게 정리하지 못하고 애간장만 탄다.

먼저, 경영 회의부터 개선해야 한다

경영 회의를 지켜보면 답답할 때가 있다. 사업 본부장이 한 주 실적과 계획을 돌아가며 이야기하고, CEO가 궁금한 것을 물어보거나 지시하는 형태이다. 이렇게 해서는 발전이 없다. 경영 이슈를 사전에 선정하여 각 사업 본부장이 전사적 관점에서 토론하고 의사결정을 해야 한다. 매주 마감이 지났는데 해결되지 않은 과제에 대해서 먼저 의논해야 한다. 결정 사항에 대해 누가 처리할 것인가 결정하고 결정 사항을 공지해야 한다. 문제해결 중심의 경영 회의가 운영되고, 각 사업부가 하고 있는 주간 업무계획과 실적은 전주 금요일에 공유하고, 타 사업본부의 지원을 받을 사항만 논의하면 된다. 경영 회의에서 실질적 의사결정이 이루어지면, 각 사업부장 주관의 회의도 성과 지향적으로 행해진다. 과제와 책임자 그리고 마감이 명확하면 실행하게 된다.

BIZ Session 후에 HR Session을 가져가라

사업 본부장은 사업에 대한 책임만 있는 것이 아니다. 조직과 구성원에 대한 유지관리 및 강화할 책임이 있다. 독립 사업부 책임경영이 강화되기 위해서는 회사의 비전과 전략에 따라 각 사업부의 비전과 전략이 수립되고 운영되어야 한다. 사업부 각 조직이 한 방향으로 갈 수 있도록 R & R(역할과 책임)을 명확히 하고, 총액 인건비하에서의 구성원 수와 인건비에 대한 관리, 핵심 직무 및 전문가를 체계적으로 선발하고 유지하며 역량을 강화해 가야 한다.

CEO는 각 사업 본부장에게 사업 보고뿐만이 아닌 조직, 사람, 인건비, 조직문화 등에 대한 HR 지표에 따른 보고를 하여 핵심 직무와 인재에 대한 지속적 유지관리가 실질적으로 행해지도록 해야 한다.

역량 있는 경영진 선발에 철저해야 한다

기존 경영진을 바꾸기는 매우 어렵다. 기득권을 내려놓기 쉽지 않다. 조직과 문화를 변화시키는 가장 좋은 방법은 사람을 바꾸는 것이다. 임원 인사제도를 마련하여 임원들의 계약 기간을 정하고, 성과와 역량이 있는 임원은 연장하되 그렇지 않은 임원은 계약 종료하는 시스템으로 가져가면 된다. 예비 팀장과 예비 경영자 선발의 벽을 보다 정교하고 어렵게 하여 역량 있는 자만이 팀장과 임원이 되도록 회사의 시스템을 가져가는 것이다. 3개년 평가가 상위 20% 안에 있고, 어학, 도전 과제, 소정의 교육, 다면 평가 그리고 인성과 역량에 대한 여러 허들을 마련해서 도전하고 변화를 즐기며 악착같이 실천하는 조직장을 선발해 가면 된다.

매년 기존 임원들에 대한 9Block을 운영하라

임원들에 대해서는 매년 성과와 역량의 축을 기준으로 상(20%), 중(70%), 하(10%)로 구분하여 9Block 안에 누가 포함되는가를 분석하고, 성과와 역량 모두 하에 포함되는 임원에 대해서는 기회를 부여하거나 보직 해임하는 방법이다.

매우 공격적이고 자기중심적이며 사람을 믿지 않는 임원이 있다고 하자. 지시하면 바로 실행되어야 하며, 의심이 많아 매일 7시에 조직장 미팅을 실시하여 각 팀에서 무엇을 했고, 팀원 동향에 대해 보고를 받는다. 자신이 아는 직원이 회식했는데 해당 팀장이 이를 모르면 뭘 하고 있었냐고 호통을 친다. 이 임원이 한 조직에 2~3년 같은 행동을 하며 근무하면 어떤 현상이 생길까? 단기 실적이 높아질 수 있겠지만, 공포 분위기가 확대되고, 사업부의 조직문화는 생동감이 없다. 다들 눈치를 보며 구성원 간의 신뢰는 찾아볼 수 없게 되었다.

반대의 경우도 있다. 임원이 무슨 일을 하는지 알 수가 없고, 모든 보고를 팀장이나 담당자에게 일임하고, 문제가 생기면 전부 아랫사람 책임으로 돌린다. CEO 앞에서만 자신이 중요한 일을 다 하는 것처럼 행동하는 사람이 있다. 이런 임원에게서 배울 점은 찾아볼 수 없다. 우수한 인재는 떠나고 조직은 서서히 망해 간다. 임원 한 사람의 영향력이 매우 크기 때문에 임원에 대한 선발과 유지관리는 더욱 엄격해질 수밖에 없다. 조직문화의 대부분은 경영진인 임원의 철학과 원칙, 언행이 반영된 결과이다. 임원들의 수준을 보면, 그 회사의 미래를 볼 수 있다.

15

직원들의 사기(士氣),
어떻게 올릴 것인가?

이런 회사의 구성원은 슬프지 않겠는가?

홍길동 사원은 학창 시절 4년 내내 학년 대표를 역임했고, 3학년부터 학과 대표를 맡을 정도로 매우 활동적이고 추진력과 기획력을 갖추었다. 주위 동료와 선후배로부터 회사 입사하면 뛰어난 경영자가 될 거라는 말을 들어왔고, 원하는 대기업에 입사했다. 이 회사의 가치는 '안전'이었다. 혁신도 좋고 도전도 좋지만, 안전을 위협하는 그 어떠한 일을 할 수가 없었다. 1년 동안 홍길동 사원이 배운 것은 "선배가 하는 일을 무조건 따라 해라"밖에 없었다. 무엇인가 제안하면 "그거 옛날에 다 해봤다. 말도 안 되는 이야기 하지 말고 그대로 해라. 네가 현장을 알면 얼마나 안다고." 심한 경우에는 "지금 나를 훈계하는 거냐?"라는 식이었다. "우리 회사에서 승진하기 위해서는 상사와의 관계가 가장 중요하니, 튀지 말고 상사가 원하는 것을 최우선으로 해라"라는 말만 들어 왔다. 회사 내 선배들은 한 명 한 명을 보면 매우 우수하다. 하지만, 그

들은 조직이나 상사가 하라는 일만 한다. 누구 한 명 10년을 바라
보며 바람직한 방향과 전략 및 방안을 실행해 가는 사람이 없다. 전
문가가 되기 위한 역량과 대내외 네트워크를 키우는 사람이 없다.
모두가 자신을 한심해하면서도 회사를 떠난 자신은 생각하지 않
는다.

 직원들의 사기가 떨어지는 상황은 매우 많을 것이다.
· 회사의 경영 상황이 안 좋아 구조조정을 할 때.
· 자신만 알고 직원들은 전부 일하는 수단으로만 생각하는 지독
  히 이기적인 상사를 만났을 때.
· 회사에 출근했지만, 막상 자신이 할 일이 없고 시간만 보내면
  급여가 나올 때.
· 내부 파벌 간의 경쟁이 심해, 같은 편이 아니면 일을 할 수가
  없고, 같은 편이라고 해도 로열티를 검증받아야 할 때.
· 성과나 역량이 아닌 상사와의 관계가 승진이나 보상의 기준이
  될 때

 이를 극복하지 못하고 각 상황 속에 숨죽이며 생활한다고 생각
하면 얼마나 슬프겠는가?

어떻게 직원의 마음을 뛰게 할 것인가?

A팀장이 엘리베이터를 탔는데 그곳에 CEO 혼자 있었다. 27층을 눌러야 하는데 CEO가 근무하는 32층이 눌러져 있어 인사를 하고 반대쪽에 서 있었다. CEO가 묻는다. "A팀장은 이 회사에서 근무하는 것이 즐거운가?" 그렇다고 대답하자 가장 일하고 싶은 회사는 어떤 모습이냐고 묻는다. A팀장은 "아침 출근이 기다려지는 회사, 내가 매일매일 성장하고 있다고 느껴지는 회사, 선배와 상사에 의해 지도받고 일이 재미있는 회사, 내가 이곳에 근무한다는 것이 자랑스러운 회사, 이런 회사가 아닐까요?" 하고 답하였다.

성과를 창출하는 회사의 특징은 일에 대한 자부심이 높고, 일을 통해 성장하고 있으며, 일이 재미있는 회사라고 한다. 한 기업을 컨설팅하였다. 30명의 직원이 있는 10년 된 기업이었는데, 30명의 직원에게 "동생이나 학교 후배를 이 회사에 입사하도록 추천하겠느냐?"라는 설문에 긍정 응답률이 0%였다. 개별 인터뷰를 통해 왜 추천하지 않느냐고 물으니, 사무실에 들어오는 순간부터 내가 살아 있다는 생동감을 전혀 느끼지 못하고 일하는 기계와 같다고 한다. 성과가 날 수가 없다.

사실 많은 기업들이 직원의 사기 진작을 위해 여러 활동들을 전개하고 있다.

① 대표이사의 번개 미팅 또는 무작위 초청 식사 제공

② '칭찬합시다' 등과 같은 릴레이 격려와 칭찬 메모 전달

③ 생산 제품에 사원 이름 넣기, 보고서 실명제, 자신의 자리에 사진 부착

④ 회사 자산에 직원 이름 또는 직원 자녀 이름 새기기, 직원 연감 발행

⑤ 직원 자녀 또는 부모 초청 행사

⑥ 우수 성과를 알리는 사이렌

⑦ 회사 게시판을 통한 부서 탐방

⑧ 신입사원이나 경력 사원에게 명함, 주변 식당, 필기구 등 온보딩 시스템 운영

⑨ 서울과 지방의 자매결연, 부대 또는 어려운 시설과의 결연을 통한 방문

⑩ 동호회, 본부 대항 장기자랑, 명예의 전당 운영 등등

　

문제는 이러한 활동들을 체계적이고 지속적으로 실시하는 회사가 그렇게 많지 않다는 점이다. CEO에 따라 일정 기간 운영하다가, 회사의 경영이 어려워지면 가장 먼저 중단된다. 할 때는 요란스럽게 홍보하고, 중단할 때는 안내도 없어 심한 경우 진정성을 의심받고 신뢰가 떨어지게 된다.

구성원의 사기를 한순간에 끌어올리기는 쉽지 않다. 무엇보다

　　　　　　　어서와~ 조직문화는 처음이지?

일하기 **좋은 체계를 구축하고**, 길고 멀리 보며 전 임직원을 열린 마음으로 만들어 가기 위해서는,

첫째, 조직과 구성원의 사기 등을 총괄하는 조직문화 조직의 신설.

구성원의 사기와 같은 조직문화는 일관성을 가지고 지속적으로 추진해야 하는데 추진 조직이 없으면 조직장의 성향에 따라 달라질 수 있다. 담당 조직이 있어 가장 바람직한 조직문화의 중장기 큰 그림을 그리고, 과거 강점을 계승하고, 현 조직문화와 지향하는 조직문화의 Gap을 찾아 추진 전략과 방안을 도출해야 한다. 매년 일하기 좋은 회사 지표와 같은 사기 조사를 측정하고 진단하여 어느 부분에서 조직이 강하고 약한가를 찾아 칭찬하고 지도해 줘야 한다. 본부 조직문화 촉진자를 육성하여 이들이 구체적인 방향과 프로그램을 가지고 조직 특성에 맞도록 이끌어 가야 한다.

둘째, 한 마음 한 방향으로 가기 위한 가치체계의 정립이다.

비전, 전략, 핵심 가치를 위해 전 구성원이 참여하여 회사에 맞는 가치체계를 수립해야 한다. 가야 할 방향을 알고 나아가는 사람과 무조건 뛰어가는 사람은 엄청난 차이가 있음을 누구나 알고 있을 것이다.

셋째, 이러한 가치체계가 업무 현장에서 실천되도록 해야 한다.

A그룹이 M & A를 한 회사의 전 임직원을 대상으로 가장 먼저 한 교육이 바로 핵심 가치 교육이다. 핵심 가치의 의미와 어떻게

행동해야 하는가를 교육하고, 우수 사례와 핵심 가치 실천인을 선발하여 칭찬하고 있다. '밸류 데이'라는 핵심 가치 실천 프로그램을 만들어 현장에서 조직장의 지도하에 핵심 가치를 토론하고 해야 할 과제를 설정하여 실행해 나가고 있다.

아무리 좋은 제도가 있어도 현장 직원들의 참여가 없으면 의미가 없다. 직원 사기가 높은 회사들은 다 함께 파이팅하며 서로 신뢰한다. 이를 위해서는 현장 조직장이 바뀌지 않으면 안 된다. '조직 구성원의 육성과 일하고 싶은 부서 만들기는 전적으로 나의 책임'이라는 생각을 갖고, 구성원 한 명 한 명의 가치를 높이기 위해 관심을 가지고 도와주는 사람이 되어야 한다.

넷째, 인사제도와 연계.

핵심 가치 실천인, 조직문화 촉진자, 우수 조직문화 팀, 종업원 의식 조식 결과 최우수 조직, 가장 많은 개선을 보인 팀, 올해의 사내 강사(영업왕, 제안왕 등), 올해의 OO인 등 구성원에게 모범이 될 성과를 낸 조직이나 개인에 대해서는 반드시 시상해야 한다. 해당 조직은 액자나 기념품을 통해 다른 사람들이 볼 수 있도록 하고, 해당자는 시상 내역을 인사 기록에 등재한다. 표창이나 상금은 기본이고, 승진이나 평가 또는 해외연수와 같은 교육 기회를 부여하는 등의 인사제도와의 연계가 필요하다.

사기가 높은 조직은 아침 인사부터 다르다. 문을 열고 들어와 눈도 바라보지 않고 "안녕하세요"하고 자리에 앉는 영혼 없는 인사를 하지 않는다. 내가 살아 있음을 느끼고 아침부터 생동감을 느끼게 하는 인사를 한다. 조직의 사명과 목표, 개인의 역할과 책임을 명확하게 알고, 이루고자 하는 결과에 초점을 맞춰 조직화가 잘되어 있다. 개인의 강점을 활용하며, 리더십 역할을 공유하며 구성원 상호 간에 지원을 아끼지 않는다. 갈등이나 의견의 불일치가 있을 때 개방적이고 객관적으로 의사결정을 한다. 무엇보다 조직장이 구성원을 세밀하게 알고 있고, 강하게 키우려는 관심과 실행이 뛰어나다.

16

구성원의 불만과 갈등,
어떻게 해결할 것인가?

문제해결의 2가지 접근 방식

문제를 바라보는 2가지 접근 방식이 있다. 하나는 발생한 문제의 원인 중 근본 원인을 찾고, 이것을 개선하거나 해결하기 위한 대안과 최적안을 찾아 나가는 방식이다. 대부분 아이가 잘못한 것에 대해 부모가 지적하고 수정해 나가는 방식이다. 다른 하나는 미래의 바람직한 모습을 정하고, 이 모습을 달성하기 위한 전략과 추진 방안들을 모색한 후, 추진 계획을 세워 실행해 나가는 방식이다. 중장기 사업과 인력 운영 전략 등이 이 방식에 포함된다고 볼 수 있다.

최근 조직문화 혁신을 보면 크게 두 방향이다. 전자는 길고 멀리 바라보며 조직과 구성원의 생각과 일하는 방식의 전환을 통해 경쟁력을 확보하고 지속적인 성장을 꾀한다. 후자는 보이는 것에 집중하는 경향도 있다. 스마트 워크라는 이름하에 행해지는 열린 사무 공간, 주인 없는 자리, 편안한 회의 공간, 재택근무, 출퇴근 시간의 조정 등 작업환경의 변화가 그 예이다. 사실 구성원의 불만과 갈등은 문제의 원인을 찾고 해결하는 후자의 접근 방식이 주로 행해졌다. 이러한 접근 방식은 문제의 임시방편적 봉합 수준이며 새로운 문제와 불만을 야기할 뿐 근본적 해결을 주지 못한다.

현장의 목소리를 어떻게 들을 것인가?

HR 부서에 근무하다 보면, 현장이 어떻게 돌아가는가에 대해 알지 못하는 경우가 있다. 개략적인 분위기는 공식 모임이나 이런저런 자리에서 듣게 되지만, 구성원의 불만과 갈등을 구체적으로 들을 수 있는 방법은 그리 많지 않다. 많은 기업이 소통 활성화를 위해 경영 현황 설명회, 캔 미팅, 호프 데이, 칭찬합시다, 주니어보드 제도 운영, 신문고 형식의 나눔터, 팀장 회의, 팀 차석회의, 열린 공간 마련, 각종 위원회 운영, 동호회 및 간담회 등을 실행하고 있다. 하지만, 소통이 잘된다는 기업은 그리 많지 않다. CEO는 자신의 원칙이나 지시가 현장까지 전달되지 않는다고 말한다. 현장 직원들은 자신의 의견이나 애로사항을 경영층이 알지 못한다고 불만이다.

현장의 목소리를 듣기 위해서는 CEO부터 현장 경영을 솔선수범해야 한다. HR 부서는 사업부별 담당 제도를 운영하고, 최소한 분기별로 HR 설명회를 사업부 단위로 실시해야 한다. 사업부의 주요 현안에 대해 설문과 인터뷰로 파악하고, 사업부에 맞는 피드백을 해줘야 한다. 임원 단위 조직별로 과장급의 가칭 조직문화 담당자를 선정하여 월 1회 정도 주기적으로 미팅을 실시하여 현장의 목소리를 들어야 한다.

어떤 방식의 해결이 가장 효과적인가?

구성원의 불만과 갈등을 건건이 해결하기보다는 바람직한 모습을 정하고, 이를 실천할 수 있는 전략과 방안 중심으로 추진하는 것이 보다 효과적이다. 대부분 초일류 기업 또는 성장하는 회사의 특징을 보면 크게 3가지 방향에서 조직과 구성원을 이끌어 간다.

첫째, 일에 대한 자부심이다. 자신이 하는 일이 회사 이익의 근원이라는 생각을 가지고, 일에 대해 체계적이고 지속적인 전문성을 바탕으로 자부심을 고취시켜 주고 있다. 둘째, 직장과 직업에서의 성장이다. "나는 이곳에 와서 배운 것을 퍼주고 있다"라고 한탄하는 한 사원의 넋두리가 아닌, "정체되지 않고 성장하도록 하고 있다."가 되어야 한다. 셋째, 즐거움이다. 'Work & Life Balance'라고 한다. 직장 생활과 개인 생활이 즐겁고 자랑스럽다면 불만이 존재할 수 없다.

어서와~ 조직문화는 처음이지?

사실 이러한 자부심, 성장, 즐거움은 부단한 노력 없이는 실현될 수 없다. 경영층과 관리자의 방향 제시 등의 의사결정과 참여, 제도의 수립과 운영, 전 임직원의 동참과 개선 활동 등이 하나가되어야 한다. 특히 중요한 것은 현장 관리자의 참여와 지원이다. 협력하고 도와주며, 구성원들의 이야기를 경청하고 공감하며, 실행한 일의 결과에 대해 관심을 갖고 칭찬과 인정을 해줘야 한다. 합리적이고 도전적 목표를 부여하고 긍정적 피드백과 영향력을발휘하여 목표가 달성되도록 신뢰를 쌓아 가야 한다.

현장 조직장과의 부단한 소통이 중요하다. 아무리 좋은 제도가 있어도 현장 조직장이 도와주지 않으면 할 수 있는 방법이 많지않다. 현장 조직장을 뛰어넘어 성공하는 제도는 없다. 가장 좋은방법은 현장의 문제는 현장에서 완결되도록 자율과 전문성을 높여주는 것이다. 이 또한 현장 중심으로 운영되어야 한다. 추진 조직이 있어 현장 관리자가 정기적인 모임과 교육, 소통 채널을 통한 지속적 열린 소통을 통해 회사의 지속 성장을 바라는 한마음이되어야 한다.

17

타 부서와의 협업,
어떻게 할 것인가?

왜 문제와 갈등이 생기는가?

중회의실에서 고성이 오간다. 개발 팀장과 생산 팀장이 서로 책임을 지지 않으려고 원인 규명에 열을 올리고 있다. "작업 프로세스상 이 제품은 이 단계에서 이 정도 수준이 되어야 하는데, 완벽하지 않은 시제품을 생산 현장에 내려보내면 어떡하느냐? 생산이 개발까지 하라는 것이냐?"라며 생산 팀장이 주장한다. 개발 팀장은 "개발팀이 무에서 유를 창출하는 부서이긴 하지만, 이 제품은 지금까지 해왔던 개선 차원이 아닌 특별 프로젝트였다. 생산에서 이후는 맡아줘야 한다"라고 맞받아쳤다. 논쟁이 끝날 것 같지 않다.

많은 제조업은 원재료의 유입부터 제품 출하까지의 세부 공정이 있다. 어느 한 공정이 잘못되어 다음 공정으로 가게 되면, 불량이 되거나 작업이 중단될 가능성이 높다. 그러므로 자신의 공정만 잘해야 한다는 생각을 버리고, 후공정을 잘할 수 있도록 전 공정에서 책임을 져야 한다.

같은 팀에서 전체 공정이 이루어질 경우, 대부분 문제가 발생하지 않고 일이 매끄럽게 처리된다. 하지만, 팀이나 본부가 다르면 문제가 발생한다. 함께 일하지 않고, 리더와 업무의 특성이 다르고, 잦은 소통과 협력이 바탕이 되지 않기 때문이다. 서로에 대해 충분히 알고 신뢰가 쌓이지 않으면 갈등이 발생할 수밖에 없다.

A회사에 근무할 때의 일이다. 이 회사의 밸류 체인은 원료 구입- R&D- 생산- SCM- 마케팅 및 영업- 유지 관리 및 지원으로 구성되어 있다. 원료 본부는 세상에서 가장 질 좋고 양 많은 원료를 값싸고 빠르게 구입해야 한다. 구입만 잘했다고 원료 본부의 역할이 끝나는 것이 아니다. 이 원료를 생산 본부에서 가장 효율적이고 효과적으로 생산할 수 있도록 수급 조정을 해줘야 한다. 원료 본부는 20만 톤을 구매했는데, 생산 본부는 10만 톤만 생산할 수 있다면, 10만 톤은 재고가 되어 보관 비용까지 부담하게 된다. 이때의 보관 비용은 누구의 잘못인가? 생산 물량을 확인하지 않은 원료 본부인가? 물량을 알려주지 않은 생산 본부의 부담인가?

결론적으로 생산 구매 협의를 하지 않은 상호 책임이다. R&D 본부가 추진하는 시제품은 A인데, 원료나 생산 본부가 추진하는 제품은 B라면 역시 문제와 갈등이 발생한다. 상호 사전 미팅을 하고, 이전과 이후 공정에서 무엇을 하고 있고 무엇이 중요하며 어떻게 해줘야 하는가를 안다면 문제와 갈등은 대부분 해소될 것이다.

어떻게 협업하게 할 것인가?

타 부서와의 문제와 갈등을 해결하고 협업을 이끌어 내기 위해 2가지 방안을 모색하였다. 하나는 주 단위 생판 회의 실시이다. 생산과 판매에 연계된 각 조직장이 모여 계획부터 세부 일정을 전부 공유하고, 지원과 협조 사항을 논의하는 것이다. 다른 하나는 전사 교육의 실시이다. 밸류 체인 교육으로 원료부터 지원 부서의 업무를 단계별로 나누어 각 분야 전문가를 통해 설명하게 하였다. 어떻게 이루어지며 무엇이 중요한가를 설명하면서 후 공정 지원을 강조하였다. 나아가 월별 전사 팀장 회의를 실시하였다. 매월 발생한 문제, R & R 갈등, 칭찬 사례 등을 소개하여 무엇이 발생했고, 어떤 결과를 낳았으며, 무엇이 문제인가를 강조하였다.

기업의 각 팀은 그날 해야 할 일이 많고, 내 일이 아니면 남의 일에 신경 쓸 시간도 생각도 없다. 실무자가 상황을 알고 선제적 조치를 하기는 불가능하다. 조직장이 조치해야 한다. 조직장이 다른 파트에 대해 관심이 없으면 문제는 계속 발생할 수밖에 없다. 시스템에 의한 관리가 아닌 사람에 의한 관리가 이루어지고 있기 때문이다.

18

구성원 의식 조사,
어떻게 할 것인가?

A회사의 구성원 의식 조사

소통을 강조하고 자율을 강조하는 A회사 김 사장에게 고민이 생겼다. 직원들이 스스로 맡은 업무에 대해서는 책임을 다해야 하는데 마감이 갈수록 지켜지지 않는다. 삼삼오오 흡연하러 가는 시간이 많아졌고, 휴게실에 가면 언제나 직원들이 있다. 지난해 당기순이익이 급격하게 줄어 회사가 어려운 상황이 올 수도 있다고 몇 번이고 강조했지만, 긴장한 모습이 보이지 않는다. 임원들과 함께 매주 월요일 진행하는 경영 회의에서도 농담이 오가며, 사장이 없으면 경영 회의를 하지도 않는다.

김 사장은 직원들의 비전과 문화, 인사제도, 리더십, 직무와 환경, 역량과 관계 영역에 대한 전반적인 의식 수준 조사를 실시하였다. 전사 자료가 아닌 본부별로 실시 결과를 보고, 김 사장은 본부장을 불러 2시간 넘게 원인과 과제에 대해 이야기를 듣고 크게 질책하였다.

구성원 의식 조사 어떻게 할 것인가?

 구성원 의식 조사의 절차는 크게 4단계로 구분한다.

 첫째, 의식 설문의 목적, 틀과 항목을 정하는 준비 단계이다. 이 단계에서 가장 중점을 둬야 할 점은 의식 조사를 해서 얻고자 하는 바가 무엇인가를 명확히 하는 것이다. 얻고자 하는 바가 명확해야 설문의 틀을 설계할 수 있다. 리더들이 잘하고 있는가를 판단하기 위해서는 리더의 역할과 리더십 역량에 초점을 두고 설문을 구성해야 한다. 조직 통폐합이라면, 조직의 원칙, R & R, 조직의 강약점, 사업과 환경과의 연계성 등을 중심으로 설문을 구성해야 한다. 이 단계에서 고려해야 할 점은 문항의 구성이다. 객관식 문항과 주관식 문항의 구분, 몇 점 척도로 할 것인가? 부정 문항을 넣을 것인가? 한 문장에 하나의 메시지를 담고 있는가? 등을 세심하게 검토해야 한다.

 둘째, 의식 조사 실행 단계이다. 참여를 높이는 방안, 개인 보안 유지 등 실시 방법이 사전 결정되어야 한다. 업무 연락을 통해 이러한 실시 방법이 전달되고, 회사의 일로 전원이 참여하도록 인식되어야 한다. 이 과정에서 조직장의 외압이 있어서는 안 된다.

 셋째, 의식 조사를 취합하고 코딩하고 분석하는 단계이다. 취합된 의사 조사 설문지를 취합하여 코딩하여 원하는 형태로 분석하

어서와~ 조직문화는 처음이지?

고 보고서를 작성한다. 전산 프로그램을 활용하면 자동으로 코딩이 된다. 코딩이 끝나면 긍정 응답률로 할 것인가, 점수 평균율로 할 것인가를 결정하여 분석 보고서를 작성하면 된다. 전사 보고서는 문항별 중앙으로 수렴하는 경향이 있는 만큼, 직군 또는 사업부별 보고서를 작성하는 것이 더 바람직하다.

넷째, 작성된 보고서를 중심으로 피드백하고, 과제 선정 및 추진 계획을 수립하는 단계이다. 의식 조사가 의식 조사로 끝나게 하지 않기 위해서는, 사업부별 과제를 도출하여 추진 계획을 수립해야 한다. 전사 이슈를 선정하여 추진할 수 있지만, 이보다는 사업부별 과제를 도출하고 추진 계획으로 실행해 나가는 것이 더욱 효과적이다. 주관 부서에서는 매월/매 분기 실시 현황을 모니터링해서 잘하는 조직은 칭찬하고, 미진한 부서는 세부 진단 및 피드백을 줘야 한다.

가장 중요한 것은 성과이다

구성원 의식 조사를 하는 것은 얻고자 하는 바를 얻기 위함이다. 단순히 어느 수준인가 파악하는 것은 의미가 적다. 의식 조사를 통해 문제점이 파악되고, 이를 과제로 하여 실행을 통한 성과로 이어져야 한다. 조사를 위한 조사가 아닌 회사 성과와 변화를 이끄는 수단으로 구성원 의식 조사가 실시되어야 한다.

19

통제할 것인가?
자율로 이끌 것인가?

통제의 효율성

A부서의 조직장으로 임명되어 갔을 때의 분위기이다. 8년 동안 8명의 조직장이 바뀌었고 타 부서 직원들은 이 조직을 노인정이라고 했다. 자신의 생각이 담긴 일을 추진하고 개선하기보다는 해왔던 일을 그냥 답습할 뿐이었다. 사무실에 웃음과 말소리는 작았고, 영혼 없는 인사만 오갈 뿐 '이곳은 급여를 받는 곳이고 즐거움은 밖에서 찾는다'라는 생각이 강했다.

조직과 구성원의 성숙도가 낮을 때, 변혁보다는 안정을 추구하게 된다. 새로운 것에 도전하다 실패하면 쫓겨난다는 생각이 강하다. 보다 높은 수준의 일들은 지적 수준이 안 되는 경우도 있지만 기본적으로 열정이 없다. 잘하는 사람이 정해져 있고 '이들이 다 하겠지' 하는 기대는 마음이 크다. 이런 마음과 행동을 하면서 보상이나 혜택의 차이가 있으면 불만하며 비슷한 사람들이 모여

투쟁한다.

친목을 위해 모인 조직이 아니기에, 이런 조직을 담당하는 조직장은 매우 힘들다. 누구에게 하소연할 수도 없다. 자신의 조직을 욕되게 할 수 없고 이를 개선하라고 임명했기 때문이다. 가장 먼저 할 일은 조직과 구성원이 한마음이 되어 한 방향으로 갈 수 있는 비전을 설정하는 일이다. 전체가 아닌 한 명 한 명에게 꿈과 목표를 갖도록 소통해야 한다. 닫힌 마음을 열게 하고 할 수 있다는 긍정적 마인드를 심어줘야 한다. 이번 조직장은 지난 조직장과는 다르게 조직과 나에게 열정이 있다는 것을 알려 줘야 한다.

바람직한 모습과 전략과 과제가 설정되었다면, 그 다음 할 일이 그라운드 룰을 정하는 것이다. DO와 Don't를 정해 모두가 실천하도록 해야 한다. 방해꾼이 있으면 어렵게 피운 불씨가 그냥 꺼져버리기 때문이다. 불평불만 없이 모두가 수행하기 위해서는 그라운드 룰을 만들어 실천을 이끌어가야 한다. 제도의 개선을 통해 잘하는 사람은 더 많은 혜택을 받고, 못하는 사람은 자신이 무엇이 부족한가를 알고 성장하려는 마음을 갖도록 해야 한다. 누구나 동일한 처우와 혜택을 받을 수 없다. 역량과 성과에 따라 주어지는 과제도 다르고 성과가 다르다면 보상도 달라야 한다는 사실을 인식하도록 해야 한다.

자율의 효과

A연구소의 연구원은 대부분 박사 출신이며 자신의 연구 분야에서는 최고 수준이다. 학창 시절, 항상 칭찬을 받아 왔다. 살면서 통제를 받은 적은 남성의 경우 군대가 거의 전부였다. 연구 분야도 전부 다른 연구원을 대상으로 실이라는 조직의 틀에 이들을 배정하고, 실장의 관리하에 연구 과제를 심사하고 진행 과정을 점검하며 결과에 대해 평가하는 것이 옳은 일일까?

A연구소가 택한 방식은 연구원들의 역량과 열정을 믿고 그들이 원하는 과제를 스스로 제안하여 성과를 내도록 하였다. 단, 하나의 그라운드 룰이 있었다. 자신이 하는 연구는 회사 성과에 기여할 수 있는 것이어야 된다는 조건이었다. 혼자 연구 과제를 수행할 수도 있고, 여러 명이 모여 프로젝트 과제를 수행할 수도 있다. 매우 중요한 메가 프로젝트 역시 프로젝트 리더가 멤버를 구성하여 추진하도록 하였다. 회사가 하는 일은 철저한 지원이 전부였다. 프로젝트의 제안, 결과 보고는 내 외부 전문가로 구성된 심사 위원회에서 추진되었고, 연구 과제 또는 프로젝트의 참여, 기여도, 성과에 따라 보상이 결정되었다. 이 연구소의 모든 결과물에는 누가 이 일을 했는가에 대한 실명제를 도입하여 연구원들의 자부심을 고취하게 했다.

나아가, 주 단위로 연구과제에 대해 30페이지 정도의 보고서를 작성하여 언론, 대학, 기관, 기업 등에 홍보하여, 이 과제를 작성한 사람을 빛나게 해줌으로 연구소도 사회적 기여를 하는 곳으로 인식하게 되었다.

리더의 선택

통제와 자율은 분명 장단점이 있다. 리더가 가장 먼저 해야 할 일은 조직과 구성원의 성숙도를 파악하여 이에 따른 조치를 하는 것이다. 조직과 구성원의 성숙도가 매우 높은데, 뛰어난 리더가 과제를 정해 지시하고 점검하고 일정을 재촉한다면 점차 수동적으로 변해갈 것이다. 이들에게는 자율을 주고 자신이 갖고 있는 역량을 마음껏 펼쳐 더 높은 수준의 결과물을 창출하고 성장하도록 해야 한다.

반면, 조직과 구성원의 성숙도가 낮은데 자율로 하라고 하면, 이들은 방향과 전략을 정하지 못하고 우왕좌왕하다가 결국 자포자기 상태가 될 것이다. 이들에게는 명확한 방향과 목표, 기본적인 프레임워크와 함께 중간중간 일의 진행 상태를 점검해야 한다. 제대로 추진되도록 지도하고 코칭하여 일에 임하는 마음가짐을 새롭게 하고 일하는 방법을 알도록 해야 한다.

다음에 할 일은 조직의 그라운드 룰을 정하고 한 명 한 명과 공감하고 소통하는 일이다. 조직의 그라운드 룰은 조직과 구성원들을 한 방향으로 가게 하고 방해자가 없도록 사전에 방지하는 역할을 한다. 나아가 개개인과 소통하고 그들과 공감하여 긍정적 마인드, 성장, 즐겁게 일하고 있다는 생각을 갖게 해야 한다. 리더는 자신의 이익을 추구하는 사람이 아니다. 조직과 구성원을 성장시키고 그들의 성과가 자신의 성과가 된다. 바람직한 모습과 방향, 전략과 방안을 설정했다면, 주고 또 주는 사람이 리더이다.

어서와~ 조직문화는 처음이지?

20
공유와
폐쇄

A회사의 컨설턴트

컨설팅을 하고 있는 A사의 직원들은 대부분 해외 석사 이상의 고학력자이다. 전략, 마케팅, 재무, 인사 영역의 경영 컨설팅을 주로 진행한다. A회사의 출발은 그룹의 전략 수립과 컨설팅을 목적으로 설립했다. 설립 초기에는 그룹이 나아갈 방향 제시, 전략 수립, 진단과 컨설팅, 점검과 피드백 활동을 수행하였다. CEO는 컨설턴트와 함께 신사업, 글로벌 전략, 그룹의 조직 및 제도 수립, 핵심 인력에 대한 검토를 요청하고 직접 문제 해결에 동참했다.

CEO가 교체되었다.

A회사는 그룹 내 사업만 추진하였고, 매출의 100%는 그룹 내에서 달성되었다. 새로 부임한 CEO는 이러한 체계하에서는 더 이상의 경쟁력이 없음을 인식하였다. A회사의 독자적 자립 기반을 조성하기 위해 그룹 외 회사에 대한 컨설팅을 추진하기

CHAPTER 3. 강한 조직문화를 만드는 30가지 비결

로 결정했다.

CEO는 3가지 방향에서 전략의 틀을 가져갔다.

첫째, 경영 전반에 대한 연구 자료의 공유이다. A회사가 보유하고 있는 우수 인재들의 지식과 경험을 보고서 형태로 변환시키는 작업이다. 모든 컨설턴트에게 자신이 담당하는 직무와 관련한 보고서를 자신의 이름으로 작성하게끔 의무화하였다. 매주 작성된 보고서의 적절성, 파급효과, 질 등은 전략 담당 임원이 담당하게 하였다.

둘째, 외부 공유 활동의 전개이다. 작성된 보고서 중 1개를 선정하여 신문사와 주요 기관에 전송하기 시작했다. 철저하게 사례 중심으로 간결하면서도 명확하게 경영 이슈를 다루기 때문에 직장인, 나아가 경영학과 교수들에게 큰 인기를 얻게 되었다. 매월 A회사 주관의 무료 세미나를 개최하였다. 국내외 상황을 고려하여 주제를 정하고 컨설턴트가 직접 발표하고, 현장에서 질의응답 등 참석자와의 대화의 시간을 가졌다. 연구회를 컨설턴트에게 만들도록 하고 회사는 연구회 운영에 필요한 장소, 식사비를 지원하였다. 컨설턴트들이 자연스럽게 외부 지인들을 만날 수 있게 길을 열어준 것이다.

셋째, 컨설팅 활동의 질적 변화이다. 과거 경험이 아닌 미래 A회사가 지향하는 모습을 중심으로 홍보자료를 작성하였다. 국내 100개 기업을 선정하여 적극적 마케팅 활동을 실시하였다. 세계적 컨설팅 회사와의 협업도 추진하였다. 중국과 동남아 국가 기업을 대상으로 컨설팅 영역을 확대하였다.

컨설턴트들은 컨설팅을 수행하면서 보고서를 작성해야만 했다. 1년에 한 번은 세미나에서 발표해야 했다. 연구회 활동도 수행해야 했기 때문에 매우 바빴다. A회사의 성장 속도는 가파르게 상승하였고, 컨설턴트 인원도 외부 활동을 전개하기 전에 비해 3배 수준이 되었다. A회사는 매주 보고서를 발행하고, 매월 세미나를 개최한다. 전 세계를 대상으로 글로벌 컨설팅을 수행하며, 연구회는 수많은 전문가의 공유의 장이 되었다. 물론 그룹에 대한 역할을 소홀히 하는 것은 아니다.

2가지 큰 변화가 일어났다.

하나는 A연구소의 그룹 매출이다. 이는 10% 이내이다. 90% 이상은 타 기업 컨설팅 또는 자문이다. 그룹의 영향력에서 완전히 벗어나 독자적 전략과 활동을 전개한다.

다른 하나는 우수한 두뇌의 회전이 매우 빠르게 진행되었다는 것이다. 대학 교수 또는 타 연구기관으로 자리를 옮기는 컨설턴트가 증가되었다. 공유의 효과이다. 이전에는 대학이나 전문 연구기관에서 A회사의 직원에 대한 관심이 없었다. 하지만 보고서, 세미나, 연구회와 컨설팅을 통해 이들의 전문성이 인정받게 되었다. 핵심 인재로 타 사에 영입되는 일이 빈번하게 일어났다. A회사의 CEO는 역량 있는 컨설턴트를 대학이나 연구기관으로 빼앗겼다고 생각하지 않았다. CEO는 월례 회의를 통해 "여러분의 역량을 이곳보다 더 펼칠 곳이 있다면 언제든지 가도 좋다. 이곳은 여러분이 더욱 성장하고 보다 높은 업적을 쌓도록 최선을 다하겠다"라고 자신 있게 말한다. A회사는 기존 컨설턴트들이 긴장할 만한 우수한 학력과 역량을 갖춘 신입 컨설턴트들이 입사한다.

B회사의 컨설턴트

글로벌 컨설팅 회사를 표방하고 처음부터 외부 컨설팅을 추진한 B회사는 역량 있는 컨설턴트를 확보하여 공격적인 마케팅 활동을 전개하였다. 그룹의 지원도 있었고, 세계적 컨설팅 기업과의 협업 효과, 컨설팅을 위한 지원 조직의 시스템과 인력도 매우 뛰어났다.

신문이나 방송을 통해 세계 수준의 컨설팅을 수행하는 미션과 비전 그리고 컨설턴트들을 홍보했다. 여러 공격적 마케팅의 영향으로 B회사의 컨설팅은 매년 높은 성장을 이어갔다.

사건이 발생하였다. 컨설팅 수행 중에 나가서는 안 될 핵심 자료가 공개되게 되었다. 그룹은 사태를 조기에 종결하고, B회사에 대한 외부 컨설팅을 종결하고, 내부 컨설팅만 수행하게 하였다.

매출은 현저하게 낮아졌고, 무엇보다 글로벌 컨설팅을 지향하던 회사의 미션과 비전이 하루아침에 무너지며 컨설턴트들의 의욕이 뚝 떨어졌다. 적지 않은 인원이 자신의 길을 찾아 이동했고, 남아있는 컨설턴트는 본인의 의지와 무관하게 소극적 마음과 태도로 남아있게 되었다. 그룹 내부의 컨설팅만 수행한다는 소문이 돌아 우수 인재들의 지원은 찾아보기 힘들다. 그룹은 B회사와 그룹 전략 팀의 역할 중복을 심각하게 고민한다.

21
직원에게 해서는 안 되는
비교 갈등

조직장이 인식하지 못하는 비교 갈등

열린 소통을 강조한다. 많은 사람들이 숨김이 없이 터놓는 것을 소통이라 생각한다. 하지만, 소통에도 품격이 있다. 직장에서의 소통은 목적이 있다. 의미 없는 만남과 대화가 아닌 전체의 목적을 달성하기 위한 의도가 있다. 전체의 목적이 만남과 대화보다 우선이다. 추구하는 목적을 위해 소통의 단계를 정할 수 있다. 일을 하면서 마지못해 하는 것보다는 자신이 당연히 해야 하는 일이고, 기분 좋게 즐기며 한다면 성과는 더욱 클 것이다. 조직장으로서 직원과의 소통은 의미를 명확히 하고 동기와 사기를 올려주는 장이 되어야 한다. 그냥 아무 말이나 하면 되는 것이 아닌 소통을 하기 전에 충분한 생각을 해야 한다. 논리를 가지고 이야기를 전개하되, 해서는 안 될 말이나 행동은 금해야 한다.

조직장이 금해야 할 것 중 하나가 비교 갈등이다.

어서와~ 조직문화는 처음이지?

매우 긍정적이며 성실하며 밝은 성격을 갖고, 직무 역량이 뛰어나며, 전사에서 일 잘하고 성과가 높은 직원인 김 과장에게 일을 맡기거나, 평가 면담을 할 때 무슨 말을 할까? 객관적인 기록을 중심으로 그 직원에 대해서만 이야기하는 것은 기본 중 기본이다. 그런데 이런 직원에 대한 칭찬이 도를 넘어 "우리 회사에서 김 과장이 가장 일을 잘한다", "우리 팀원들이 김 과장의 반만 닮았으면 좋겠다" 등의 굳이 할 필요가 없는 말을 무의식적으로 하는 경우가 있다. 물론 칭찬하고 싶은 마음이 있었을 것이다. 하지만, 이 말을 다른 팀원에게 김 과장이 전한다면 어떤 상황이 전개될까? "이 일은 김 과장을 믿고 내가 도전한 일이다", "도전 수준의 일이지만, 김 과장은 해낼 것이라 믿는다", "올해 이런저런 일들을 수행해 뛰어난 성과를 냈기 때문에 팀장인 내가 고맙다" 등과 같이 김 과장 본인에 대해서만 이야기해야 한다.

왜 비교 갈등을 하면 안 되는가?

"팀원은 팀장보다 팀원이 더 가깝다."

이 말에 대해 어떻게 생각하는가?

A팀장은 아끼는 팀의 B대리가 회사에서 성장하고 원하는 목표를 달성하도록 자신이 할 수 있는 한 최선을 다해 돕겠다는 마음이 강하다. 여러 번 B대리에게 도와주겠다고 말했고, B대리도 이

러한 팀장의 마음을 잘 알고 있다. 하루는 B대리를 불러 팀의 C 과장에 대해 하소연한다. C과장의 이러이러한 면이 개선되면 좋은 인재가 될 수 있는데 아쉽다는 말을 한다. B대리는 불편한 자리였지만, 팀장이 믿고 이야기해 주는데 일어날 수 없었다. 한참을 이야기한 후 몇 가지 업무 요청을 받고 자리에서 일어났다.

B대리는 C과장에게 팀장의 이야기를 전할까? 전하지 않을까? 많은 팀장들은 자신이 아끼는 팀원이 자신과의 대화를 팀원에게 이야기하지 않을 것이라고 생각한다. 하지만, 팀원들은 팀장과의 거리가 아무리 가까워도 팀원 간의 거리가 훨씬 더 가깝다. 팀장의 우려를 들은 C과장은 어떤 심정일까? 나를 걱정해 준다는 생각을 갖고 미안하고 감사한 마음을 가질까? 이보다는 자신에게 직접 이야기하지, 자신의 단점을 다른 팀원에게 이야기하는 팀장에게 좋은 감정을 갖기 힘들 것이다.

살며 비교 갈등을 당한 경험이 없는 사람들은 많지 않을 것이다. 자신이 하지 않았거나, 했어도 알리고 싶지 않은 부정적 이야기를 비교하며 전하는 사람을 안다면 어떻게 하겠는가? 성격이 급한 사람은 당사자에게 직접 항의하며 화를 낼 것이다. 아무리 순하고 인내심이 강한 사람도 기분이 좋지는 않을 것이다. 말에 의한 상처는 오래간다. 그 상처가 깊고 치명적이라면 한이 되기도 한다. 팀장의 말 한마디가 팀워크를 와해시키고 낮은 성과를 낳게 하거나, 팀원을 떠나게 하는 원인이 된다. 타 직원과 비교하는 팀장을 인정하고 존경하라고 하면 무슨 말을 들을까?

비교 갈등이 조직의 병폐임을 모르는 관리자는 없다. 100이면 100 모두가 비교 갈등이 좋지 않다는 것을 잘 안다. 이렇게 잘 아는 관리자와 심한 경우 경영자가 직원들과 1:1 대화에서 비교 갈등이 되는 말을 너무나 쉽게 한다. 비교 갈등이 비교 갈등이 된다. 자신이 말한 직원을 믿었는데 전달이 되었을 때, 배신당했다는 실망감이 생길 수 있다. 믿고 말했기에 전하지 않을 것이란 신뢰가 있다. 그 신뢰가 깨어졌을 때 누구를 탓하겠는가? 말을 한 본인은 자신이 무슨 말을 했는지 모른다는 점도 문제이다. 비교 대상이 된 팀원을 보며 아무 일 없는 것처럼 지시하고 웃고 지낸다. 비교를 당한 직원의 마음은 천 갈래 찢어지고 팀장에 대해 큰 상처를 입고 화가 난 상태라는 사실을 전혀 알지 못한다.

직장 생활을 하면서 "10명의 우군을 얻는 것도 중요하지만, 1명의 적을 만들지 말라"고 들었다. 조직장으로서 그 어느 누구에게도 그 사람 이야기만 해야 한다. 좋은 말이라도 다른 사람의 이야기를 하는 것은 스스로 자신의 무능함과 무식함을 나타내는 일이다.

22

효과적인 회의
진행 비결

하루에 3번 이상 회의에 참석하는 A팀장

　기획팀을 담당하는 A팀장의 업무는 회의이다. 월요일 전략회의
부터 시작하여 금요일 주 실적 및 계획 회의까지 회의 준비와 실
시가 업무의 절반을 차지한다. 수시로 떨어지는 과제에 대한 팀
원들과 업무 회의가 요즘은 가장 힘들다. 지친 팀원들의 얼굴에
'또 지시 사항이냐?' 하는 표정이 역력하다. 팀원들을 모아 지시
사항을 전달하고 각자 의견을 말하라고 하면 침묵이 흐른다. A팀
장은 항상 3가지 본인의 생각을 이야기한다. 지시 사항의 바람직
한 모습, 일의 개략적인 추진 계획(목차), 반드시 포함해야 할 내용
이다. 팀원들은 개략적인 추진 계획에 대한 이견을 말하는 경우
가 있으나 대부분 업무 분장에 관심이 많다. A팀장은 가능한 자
발적 추진을 희망하지만, 항상 누군가를 지명해야 한다. 이번에
누구에게 부탁해야 하는가 고민이 된다.

전략 회의는 각 본부의 중요 과제에 대해 기획에서 엄선하여 CEO와 본부장이 모여 해결 방안을 모색하는 회의이다. 기획팀에서 중요 과제에 대한 개략적인 설명을 마치면, 해당 본부장이 추가 설명을 하고 각 본부장의 의견을 듣는 시간으로 진행된다. 대부분 해당 본부장이 추진 계획과 지원 사항을 말하면 CEO가 결정한다. 타 본부장의 반대나 질문은 거의 없다. 타 본부의 일에 간섭하지 않고, 자신의 본부 일에 참견하지 않도록 하는 것이 무언의 약속인 듯하다. 각종 업무 조정 회의, 긴급 회의에서도 이런 회의 분위기이다. 왜 회의를 하면서 임원 회의라면 전 임원이 참석하고, 긴급 회의에도 전 임원, CEO 주관 회의에도 모든 임원이 참석해야 하는지 모른다. 그렇게 해왔으니까 한다. 하루 3번 이상 회의에 참석하거나 주관하는 A팀장은 전사 차원의 회의 운영 원칙을 만들어야겠다고 생각했다.

효율적으로 회의를 하는 원칙은 무엇인가?

멘티들의 효과적 회의 진행 방안은 다음과 같다.
① 반드시 필요하고, 의사 결정권이 있는 구성원만 참여시킨다.
② 회의자료를 참석자들에게 사전 배포하여 내용을 숙지하고 참석하게 한다.
③ 반드시 정해진 시간 안에 마무리.
④ 회의 목표와 시간을 명확하게 제시하고 진행한다.

⑤ 모두의 의견을 취합하여 비슷한 답변을 모아 심층 논의한다.

⑥ 회의 참석자들의 의견 발언 시간을 주기.

⑦ 사적 발언은 배제하고 현 이슈에만 집중하고, 직책이 다른 여러 구성원을 참석하게 한다.

⑧ 의견이 상충하더라도 감정적 발언은 절대 하지 않고 목소리 톤도 안정을 유지하기.

⑨ 회의 전, 2개의 방안을 마련해 가서 원하는 결론을 선택할 수 있도록 한다.

⑩ 회의 종료 5분 전에 도출한 결론을 적어 공유한다.

A팀장은 전사 회의 진행 원칙을 만들어 공유하기 전에 팀 회의에 5가지 원칙을 적용해 보았다.

첫째, 회의에 참석한 후, 자료를 충분히 숙지하는 시간을 부여했다. 자료 숙지가 끝난 후 주제에 따른 각자 의견을 말하도록 했다.

둘째, 처음부터 돌아가며 자신의 의견을 이야기한다. 중간에 순서와 관계없이 끼는 것은 당연하다고 룰을 정했다. 단, 상대가 말하고 있는데 중간에 끼는 것은 아니라고 분명히 했다.

셋째, 결론을 낼 때까지 진행한다고 하고, 대신 시간은 사안과 참석자에 따라 다르지만, 1시간 이내를 원칙으로 정했다.

넷째, 아이디어가 없을 때는 브레인 라이팅 방법을 사용했고, 가장 좋은 아이디어를 낸 사람에게는 반드시 커피 한 잔이라도 보상을 준다고 했다.

어서와~ 조직문화는 처음이지?

다섯째, 회의 안건에 따라 필요한 사람만 참석하게 했고, 참석자는 반드시 기여하도록 했다.

A팀장은 타 팀의 업무 협조가 필요한 경우, 가장 중요한 사항으로 회의 전 참석자 가운데 한두 명에게 자신이 원하는 결론을 알려주고 도와달라고 했다. (사전 협조자 선정)

회의를 통해 신속한 결론을 도출하고, 세부 추진을 하도록 역할 분담을 하고 실행하는 것은 매우 중요하다. 결론을 미루거나, 눈치 보며 적당한 수준에서 협의하거나, 내 일이 아니니까 신경 쓰지 않는다는 태도는 곤란하다. 가장 큰 문제는 부정적 이슈와 문제 상황을 공론화하지 않고 숨기는 것이다. 수면 밑에 있는 이슈를 신속하게 꺼내 함께 고민하고 해결책을 찾아야 한다. 담당을 정해 빠른 실행이 이루어지도록 해야 한다. 실패에 대한 질책과 책임이 아닌 실패로부터 교훈을 얻도록 조직문화를 구축해야 한다.

23

MZ세대와 기성세대 갈등, 어떻게 조치할 것인가?

MZ세대들은 이기적이고 잦은 퇴직을 한다

팀장의 역할과 조직 장악하기 교육 중 참석자가 질문한다.

"MZ세대와 기성세대가 함께 근무하는데, 갈등이 있습니다. 한 곳에 모여 문제를 논의하고 해결 방안을 찾는 것이 옳을까요?"

"MZ세대들이 퇴직이 많습니다. 원인이 무엇이며 어떻게 해야 할까요?"

"MZ세대와 일을 하는데, 열정과 책임감이 없습니다. 자신의 일이 아니면 하려고 하지 않습니다"

"기본적으로 예의가 없습니다. 출퇴근 시, 인사하는 법이 없습니다."

조직장 또는 인사 담당자로서 세대 간 갈등에 관한 상담을 요청받으면 어떻게 조치하는가?

먼저, MZ세대와 기성세대를 나이에 따라 구분하는 것에 대해 어떻게 생각하는가?

MZ세대 나이 또래 중 상냥하고 적극적이고 배려심이 많은 사람, 이기적이며 금전적 보상에 대한 집착이 유난히 강한 사람, 남들과 어울리기를 좋아하며 유머 감각이 뛰어나면서도 격식을 차리는 사람, 자신의 일만 하고 추가 부여된 업무는 쳐다보지도 않는 사람이 있다면 어떻게 하겠는가?

모두 MZ세대의 특성이라고 하며 이야기할까?

세대 특성이 아닌 개별 갈등으로 원인에 맞게 대응하는 것이 옳을 것이다.

MZ세대들이 퇴직이 많은 이유는 무엇일까?

MZ세대이기 때문에 퇴직이 많은 것이 아니라, 3가지 사회적 현상이 퇴직을 이끄는 것 아닐까?

첫째, 자신의 직무 가치를 올리는 것이 더 중시되는 사회에서 성장 욕구이다.

회사도 사람 중심이 아닌 직무 중심으로 채용한다. 직원도 쌓은 지식, 기술, 경험을 기반으로 지금 근무하는 곳보다 더 좋고 성장할 수 있는 곳으로 갈 수 있다면, 이동하는 것이 당연하다고 생각해야 하지 않는가?

둘째, 정보와 자료의 개방성이다.

평생직장 시대에는 가고자 하는 회사를 알지도 못했다. 요즘은 사람인, 잡 코리아, 원티드와 같이 이직을 도와주는 SNS를 통해 오라는 곳의 조건과 자격 및 처우 조건을 손쉽게 알 수 있는 세상이다.

셋째, 사회적 인식이다.

1980년대만 해도 다른 회사로 옮기면 뭔가 문제가 있는 직원으로 인식했다. 지금은 옮기는 사람이나 채용하는 회사 모두 부정적 인식이나 미안함이 없다. 물론 1년도 근무하지 않고 매년 회사를 옮긴 지원자라면 특별한 상황이 아니면 면접을 볼 수 없을 것이다.

아무튼 '선배에 의한 후배 지도', '사람의 정이 기반'이 된 평생 직장의 개념은 많이 사라졌다.

세대 간 갈등이 아닌 철저하게 개인 갈등으로
접근하고 해결해야 한다

1960년생과 2000년생이 태어났을 때 당시에 우리나라 국력과 경제력의 차이는 매우 크다. 살아온 경제적 환경이 생각이나 태도에 미치는 영향은 클 수밖에 없다. 각 개인의 살아온 환경과 조건 등과 비교하여 다름을 인정해야 한다. 이를 참고로 하여 조직 생활에 필요한 공통의 장점이나 강점을 확대해 가는 것이 현명하지 않겠는가?

조직은 중기 바람직한 모습과 전략, 방안들을 고려하고, 연도별 로드맵에 따라 실행하여 성과를 창출해 간다. 개인도 중기 방향과

어서와~ 조직문화는 처음이지?

전략, 방안을 수립하고, 이를 기반으로 내년도 목표와 실행을 이끌도록 함이 현명하다.

이 과정에 갈등이 있을 수 있다. 세대 간 갈등으로 몰고 갈 것이 아니라, 개인 차원으로 접근해야 한다. 개개인의 성격이나 행동을 보며, 그에 합당한 칭찬이나 질책을 하며 보다 올바른 방향으로 조직문화를 이끌어 가는 회사가 더욱 경쟁력 있는 회사 아닐까?

24

다름을
인정하자

살아온 환경이 다르다

1960년 이전에 태어나, 헐벗고 배고픔 속에서 소위 한강의 기적을 이룬 세대는 그 힘든 순간을 이겨냈기 때문에 '안 되면 되게 하라'는 생각이 강하다. '노력하면 되는데, 왜 최선을 다하지도 않고 안 된다고 하냐?'라며 질책하기도 한다. 이 세대들의 가장들은 일제 강점기, 6·25전쟁을 겪으신 분들이다. 부모로부터 배운 것은 '먹고 사는 것이 가장 중요한 이슈'였다. 추위를 피해 잠을 잘 수 있는 공간이 있고, 굶어 죽지 않을 만큼 먹을 것이 있다면, 다른 문제들은 문제도 아니었다. 형제자매들도 많아 누가 무엇을 하고, 무엇을 좋아하는가는 관심의 대상도 되지 않았다. 어린 시기를 힘들게 보냈지만, 부모 세대에 비해 눈부신 경제 성장을 통해 직업을 가질 수 있었고, 최소한 굶지는 않는 생활을 할 수 있었다. 대가족 중심의 농촌에서 벗어나 도시로 이동하여 결혼하고 자녀를 낳았다. 내 자식이 잘되게 하기 위해 교육에 많은 노력을 투자했다.

1990년 이후에 태어난 이들은 1960년대 태어난 이들에 비해 경제적으로 풍요하다. 핵가족화 시대에 부모의 지원이 자녀에게 집중되었다. 국가의 경제 성장과 함께 사회 인프라, 국민들의 의식 수준도 매우 향상되었다. 조직이나 가장의 결정에 무조건 따라야 하는 집단 문화에서 개인의 의사가 존중되는 시대에 살게 되었다. 자신이 좋아하고 잘하는 것을 선호하게 되었고, 일 그 자체가 주는 행복도 중요하지만, 생활을 즐기는 것을 더 선호하게 되었다. 조직의 목표를 달성하기 위한 수단으로서 자신이 아닌, 자신의 목표를 달성하기 위한 노력에 치중하게 되었다. 자신이 원하지 않는 일을 하며 조직에 헌신해야 한다는 생각이 적다. 모든 걸 포기하면서 부와 권력을 얻는 것보다 내가 좋아하는 일을 하고, 가족이나 애완동물 등 좋아하는 것과 많은 시간을 보내며, 소소한 행복을 느끼는 게 훨씬 중요하다고 생각한다. 높은 목표를 설정하여 죽도록 노력해서 큰 성취를 이루는 것도 좋지만, 자신이 할 수 있는 일상의 작은 성취에 더 큰 의미를 둔다.

물론 1960년대 세대와 1990년대 세대 모두가 동일한 경제 환경과 성향을 지니고 있다는 것은 아니다. 1960년대 태어난 이들 중에는 기존의 문화와 제도의 틀을 싫어하고 더 개인적이고 자유로운 영혼을 가진 이들도 많다. 반대로 1990년대 태어난 이들 중에는 매우 성실하고 근면하며, 개인보다는 조직이 원하는 목표를 달성하기 위해 몰입하는 이도 있다. 혼자 하기보다는 함께 하기

위해 배려하며 희생하는 이도 많다. 전체의 관점에서 보면, 1960
년대와 1990년대의 대한민국의 경제적 환경은 세계에서 유례를
찾아보기 힘든 만큼 너무나 큰 차이가 있다. 이 경제적 차이는 사
회 전반의 교육, 문화뿐만 아니라 세대 간 인식의 차이를 가져옴
에 부족함이 없다.

무엇이 다르며,
어떻게 하는 것이 옳은가?

1960년대와 1990년대 직장인의 차이를 조직, 일, 사람의 차원
에서 살펴보면 유의미한 결과가 나타날 것이다. 만약, 1960년대
태어난 이들이 직장 생활을 하는 1990년과 1990년대 태어난 이
들의 2020년을 기준으로 직장과 직업에 대한 동일 문항의 전반
적인 의식 조사를 실시하고 그 결과를 보면 차이가 있지 않을까?
또 하나, 지금 시점에서 1960년대생과 1990년대생 직장인을 대
상으로 동일한 항목으로 설문한다면, 직책과 경험의 차이는 있겠
지만, 어느 정도 차이가 있을까 궁금하다.

4가지 항목에 대해 1960년대 태어난 직장인(A그룹)과 1990년대
태어난 직장인(M그룹)의 인식의 차이를 생각해 보았다.

첫째, 회사에 대한 인식이다. A그룹이 입사할 당시 회사는 평

생직장이었다. 회사는 생계를 책임지는 곳이며, 처음 일을 배웠고, 상사와 선배 그리고 동기와 후배와 만남을 가지는 삶의 대부분을 차지하는 소중한 장소였다. 타 회사에 대한 정보가 거의 없었기에, 그 안에서 성장하고 승진하여 관리자, 경영자가 되는 것이 매우 중요한 목표였다.

M그룹에 있어 회사는 내가 일을 해 주고 급여를 받는 곳이라는 인식이 강하다. 평생직장이라는 인식은 깨진 지 오래고, 실력이나 성과가 없으면 언제든지 내친다는 생각이 강하다. M그룹도 지금 머무는 회사에서 업적이나 경쟁력을 쌓고 가치를 올려 다른 회사로 옮기는 것이 더 유리하다는 생각이 있다. 갈 수 있는 회사 정보를 쉽게 얻을 수 있고 이직에 도움 주는 회사도 많다. A그룹 입장에서는 M그룹들의 회사에 대한 충성심을 어떻게 이끌어 낼 것인가 고민이 많을 수밖에 없다.

둘째, 일에 대한 열정이다. A그룹은 회사에서 해야 할 일이 있으면 '그것이 누구의 일이냐?'가 중요한 것이 아닌 '해내야 한다'라는 생각이 강했다. 일이 있으면 당연히 야근하고 끝내야만 했다. 무에서 유를 창출한 세대이기 때문에 회사가 성장하기 위해서 알아서 일을 만들어냈고 눈치껏 일을 했다. M그룹도 일에 대한 열정이 강하다. 자신이 담당하는 직무를 배우고 성과 내는 일에 많은 열정을 쏟는다. 중요한 것은 자신이 담당하는 일이다. 자신이 담당하지 않거나, 관심 없는 일에 대해서는 열정을 찾기 어렵다. 알아서 눈치껏 일을 하기보다는, 얻고자 하는 바와 큰 틀 및 구체적 지시를 받아 일하는 것을 선호한다. 글로벌과 디지털 역량이 뛰어나기 때문에 일의 범위도 넓고, 효율성은 매우 높다.

셋째, 직장 내에서의 관계 관리이다. A그룹은 평생직장이기 때문에 담당하는 일과 무관하게 두루두루 폭넓은 관계를 맺었다. 처음 만나는 직장 내 선배와 상사에게도 깍듯하게 예의를 다하고, 요청하는 것을 최대한 수용한다. 좋은 인간관계가 직장 내 인정과 승진의 원동력이었다. M그룹도 인간관계의 중요성을 잘 알고 있다. 다만, 자신이 속하고 하고 있는 조직과 직무와의 연관성 상의 인간관계이다. 예의범절을 지키고 상호 존중 받는 것을 당연하게 생각한다. 회사 직원이지만, 관련 없는 사람들과 만나 불필요한 시간과 노력을 낭비하는 것을 아깝다고 생각한다.

넷째, 규정과 관행에 대한 인식이다. A그룹은 자신의 일은 다했고 퇴근 시간이 지났어도 속한 조직이 바쁘면 함께 남아 뭔가 도움이 되려고 한다. 회식도 당연히 참석하는 것이고, 복장은 일에 임하는 마음가짐이라는 생각이 강하다. M그룹은 내 일을 다 했고 퇴근 시간이 지났으면 타 팀원이 바쁜 것은 그들의 사정이다. 술 마시고 사회와 잔심부름하며 회사 일로 교훈적 이야기 듣는 회식은 회식이 아닌 근무의 연장이라 생각한다. 일하는 데 지장이 없고, 남이 볼 때 민망하지만 않으면 되지, 일과 복장이 무슨 상관이 있느냐는 생각이 강하다.

세대의 차를 지켜보며 2가지를 느끼게 된다.

하나는 분명 다름이 있다는 점이다. 이 다름을 인정하고 공동의 이익을 확대해 가는 것이 현명하지 않을까? 다른 하나는 어떤 세대에 속해 있다고 그 세대의 특징을 개인에게 강요하는 것은 문제가 있다. 개인이 보여주는 성향과 언행이 판단의 기준이 되어야 함이 옳지 않은가?

다름을 인정하고, 상대에 대한 관심, 진정성, 성장시키겠다는 마음이 적극 표현된다면, 상대도 나에게 좀 더 관심을 보이지 않겠는가?

25

강점을
강화하라

선발 시에는 강점, 채용 후에는 약점

많은 기업의 면접을 살펴보면, 면접자의 심사 양식에는 회사가 요구하는 역량 항목의 높은 점수를 받는 사람이 합격한다. 질문이나 관찰을 통해 지원자의 강점을 찾으려 노력한다. 이렇게 선발된 직원은 소정의 회사 입문 교육이나 오리엔테이션을 받고 부서에 배치된다. 담당 직무가 부과되고 한 명의 담당자로 회사 생활을 시작한다.

직속 상사가 담당자를 대하는 모습은 강점 강화가 아닌 약점 보완이다. 잘못된 점 또는 개선점을 찾아 지적하고 수정해 준다. 심한 경우 질책을 한다. 매번 작성한 보고서가 빨간색으로 도배되어 되돌아오면 무슨 생각이 들겠는가? 처음은 보고서의 틀을 다 바꾸는 대변신이 이루어지지만, 시간이 지날수록 보고서의 빨간색은 줄어들게 된다. 나중에는 간혹 오탈자에 대한 지적만 나온다.

이 단계가 되면 보고서 작성에 담당자의 창의를 찾아볼 수 없다. 기존의 보고서 작성 틀에 맞춰져 관리자 또는 경영자 입맛에 맞는 보고서가 된다. 담당자의 일하는 자세도 지적한 것만 수정하는 상황이 된다. 팀장이 앞장의 오탈자 하나를 수정하고 보고서는 마음이라며 오탈자가 없도록 하라고 했다. 담당자는 팀장이 지적한 앞장의 오탈자 하나만 수정하고 제출한다. 뒷장에는 더 많은 오탈자가 있는데 찾을 생각도 하지 않는다. 팀장이 뒷장의 오탈자를 지적하면, 그것만 또 수정해 제출한다. 영혼 없는 일을 한다. 누구 잘못인가? 영혼 없는 일을 하게 한 조직문화와 상사의 잘못이 더 크지 않겠는가?

왜 강점 강화인가?

35도에 임박하는 무더위가 기승을 부린다. 이런 날씨에는 밖에 나가기보다는 시원한 사무실에서 냉커피 한 잔 마시는 것이 즐거움이다. 하지만, 이런 날씨에 땀 뻘뻘 흘리며 뛰는 사람이 있다. 탁구장에 가면, 2명 내지는 4명이 시합을 하면서 연신 땀을 닦는다. 이 더운 날씨에 무슨 운동이냐고 말하는 사람이 없다. 모두가 한 점을 더 얻기 위해 정신을 집중하고, 멋진 스매싱에 다들 엄지손을 올리며 멋지다고 칭찬한다. 서브를 실수하거나, 공을 맞추지 못해 점수를 잃게 되었을 때, 상대의 실수를 탓하는 사람은 없다. 이

보다는 멋진 공격이나 어려운 수비로 점수를 얻었을 때 하이 파이브를 하고 파이팅을 외친다. 말없이 시합에 임한 조가 대부분 점수를 내지 못하고 진다. 큰 소리로 격려하고 축하하며 파이팅을 외친 조가 이기는데 땀을 흘리면서도 표정이 너무나 밝다. 기뻐 어쩔 줄 모르는 그런 모습이다. 사람은 자신이 좋아하고 잘하는 것에 더 몰입하고 열정을 다한다. 강점 강화는 바로 이런 이치 아닐까?

한 부부가 있다. 둘은 너무나 좋아하고 사랑해서 결혼했다. 아내는 남편의 정리 정돈이 안 되는 점만 빼고 다 좋았다. 자상하고 능력도 있었으며 무엇보다 배려심이 많았다. 사랑한다는 말부터 귀가해 이런저런 이야기를 해주고, 주말에는 자신이 좋아하는 음식을 사주고, 가고 싶은 곳에 가서 여유를 즐겼다. 하지만, 퇴근 후 벗은 옷과 양말은 여기저기 놓여 있고, 책상 위는 치워줘도 쓰레기 더미이며, 물을 마시고 물컵은 마신 곳에 그냥 놓는다. 본인이 쓴 물건을 찾지 못해 이리저리 헤매고 다닌다.

아내는 남편의 정리 정돈 못 하는 행동을 고쳐주겠다고 결심했다. 남편이 신발을 벗으면 곧바로 정리하라고 잔소리한다. 벗은 양말도 세탁물 통에 넣으라고 한다. 옷은 옷걸이에 걸어 스타일러에 넣고 돌리라고 지적하고, 오늘 중에 책상 정리를 시킨다. 거실에 놓은 물건은 하나에서 열까지 제 자리에 놓으라고 할 때까지 잔소리했다. 남편은 나중에 하면 되는데 즉시 하라는 아내의 말이 거슬리기 시작한다. 아내의 말이 옳고, 당연히 해야 하는 일이라는 것은 안다. 왜 지금 당장이라는 것에 화가 난다. 아내가 또 하라고 한다. 어떤 현상이 벌어지겠는가?

단점을 보완하는 일에는 고통이 따른다. 내가 좋아하는 일이 아닌 것을 하려니까 힘이 든다. 즐거움은 더더욱 없다. 이런 행동을 하지 않게 될 때까지 습관화하는 것은 고역이다. 잘하다가 한 번 잘못하면 "왜 잘하다가 또 이 모양이야?" 하는 질책이 뒤따른다. 잘못했고 더 주의해야겠다는 생각보다는 그냥 화가 난다. 중요한 일도 아닌데, 이것 때문에 기분 상하게 되는 자신이 한심스럽다.

강점 강화가 성과를 창출한다

회사와 직원의 관계는 계약이지만, 사람 관계는 정이다. 정은 사실 신뢰가 바탕인데, 신뢰를 쌓는 2가지 접근 방법이 있다. 하나는 강점을 강화하는 것이고, 다른 하나는 약점을 보완하거나 제거하는 것이다. 어느 것이 더 신뢰를 쌓고 관계를 돈독하게 할 수 있을까?

인재원장으로 있을 때, 팀장 후보자 2명을 코칭하면서, 두 명의 강점을 부각하고 더 강화하라고 했다. 약점은 잊으라고 했고, 만약 면접에서 약점이 무엇이냐는 질문이 나오면 오히려 강점을 이야기하고 커버했다고 하라고 했다. 두 명 다 높은 경쟁을 뚫고 팀 장이 되었다.

강점 강화 전략은 결과도 좋지만, 그 과정도 즐겁다. 자신이 잘 하고 좋아하는 것에 집중하니까 하는 과정 자체도 열정이 생긴다. 주변의 유혹이나 방해가 귀와 눈에 들어오지 않는다. 몰입되어 있 는 자신에게서 변화되는 결과가 보이며, 이것이 작은 성공을 가져 온다. 작은 성공은 더 큰 목표를 추구하게 되고 이러한 과정이 지 속되며 남들이 생각하지도 못한 큰 성취를 이루게 된다.

아이의 나쁜 성적을 탓하기보다는 높은 점수를 받은 비결을 묻 고 그 방법에 집중하게 하는 것이 더 바람직하다. 직장에서도 마 찬가지이다. 다양한 팀원들의 특성을 이해하고, 각자의 장점을 찾아 그 강점을 돋보이게 하는 것이 훨씬 좋은 성과와 활기찬 분 위기를 가져가지 않을까?

26

바람직한 회식의 원칙,
3가지를 정한다면?

1980년대의 회식

80년 중반 직장 생활을 시작했다. 당시 회식 이유는 크게 4종류였다.

첫째, 신입사원 환영 회식이다. 평생직장의 시절이었기 때문에 한 가족이 된 것을 축하하는 신입사원 환영 회식은 무조건 실시한다. 대부분 출근 당일 실시하며, 신입사원은 자기소개는 물론 향후 포부에 대해 큰 소리로 발표해야 했다.

둘째, 반대로 직원 송별회이다. 퇴직으로 하는 송별회보다는 부서 이동으로 다른 곳으로 가는 조직장과 직원을 위한 송별회이다. 요즘은 거의 사라진 전별금과 선물을 준비한다.

셋째, 승진, 승격 축하 회식이다. 1년에 한 번 승진 승격이 이루어진다. 떨어진 직원도 모두 참석해 승진 승격한 직원을 축하한다.

넷째, 조직장이 회식하자고 하는 날이다. 회사마다 차이가 있지만, 통상 한 달에 한 번은 맛있는 것 먹는 날이다. 정해진 날은 없고, 갑자기 조직장이 선임 직원에게 "오늘 회식하자!" 한마디면 끝이다. 당시 회식의 특징은 무조건 먹는 곳이다. 정시 퇴근하는 몇 안 되는 날이기도 하다.

전원 참석이며, 맛있는 음식에 술은 기본이다. 중앙에 조직장이 앉고 사회자가 있어 준비와 진행을 한다. 술은 100% 소주였고, 술잔을 돌리는 문화였다. 2차는 없었다. 그만큼 여유도 없었고, 갈 만한 곳도 없었다.

최근 회식에 대한 직원들의 반응과 희망 사항

주임과 대리로 구성된 '주니어보드' 대상으로 강의를 하였다. 이들에게 요즘 회식의 특징을 적어 보라고 했다.

1980년대와 엄청난 차이가 있었다. 전체적인 반응은 '회식 왜 하는가? 안 했으면 좋겠다'이다.

- 회식의 다양성 추구. 무조건 먹고 마시는 회식이 아닌 보며 즐기는 회식
- 업무 시간에 회식. 점심시간 또는 4시에 회식 시작
- 최소 3주 전 회식 일시 통보
- 빠지는 직원에 대한 당연시
- 조직장 참석에 대한 부담과 불만

어서와~ 조직문화는 처음이지?

· 2시간 이내 1차로 마무리

직장인인 멘티들에게 회식의 원칙을 말해 달라고 했다.

① 회식 일정은 사전에 공지한다. 참석 여부는 자율에 맡긴다. 종료 시간을 정해두고 정확하게 지킨다.

② 음주 강요 금지, 2차 금지, 원하는 사람만, 법인카드 지급, 다수가 원하는 방식으로 진행(식사, 영화 관람 등등).

③ 회식은 1차만, 음주 권하지 않기, 감정 상하게 하는 말 하지 않기.

④ 모든 직원이 참석해야 하는 회식은 연 1~2회 정도, 그 외 회식은 참석을 강요하지 않기, 술 강요하지 않기. 1차로 끝내기. 코로나일 때 좋았던 건 10시, 11시에 문을 닫으니 어쩔 수 없이 해산하는 것이었다.

⑤ 일 얘기가 없는 회식, 무언가를 같이할 수 있고 즐길 수 있는 회식, 술이 주가 되지 않는 회식.

회식을 통해 얻고자 하는 바가 있다면?

직원들은 회식이 더 피곤하고 힘들다고 불평이 높다.

· 준비하고, 진행하고, 고기 굽고 나르며 눈치 살펴야 하는 일의 연속.

· 음식을 앞에 놓고 누군가의 끊임없는 잔소리와 훈계를 듣는

자리.

· 마시기 싫은 술을 억지로 마시며 노래와 장기 자랑까지 해야
  하는 상황.

· 취한 사람의 폭언과 폭행을 피해야 한다.

· 의식 없는 직원을 택시에 태워 보내야 한다.

· 2차, 3차 가자는 선배나 상사의 술주정.

· 가장 화나는 것은 먹지도 못했는데 1/N 하라고 한다.

이런 상황이라면 회식 과연 도움이 될까?

회식을 통해 얻고자 하는 바는 무엇일까?

회식을 통해 더욱 자연스러운 소통을 하고, 팀워크를 다지는 계기가 되어야 한다. 직장 생활은 혼자 하는 것이 아니기 때문에, 함께 모여 맛있는 음식을 먹고 마시거나, 공연을 보거나, 즐기며 자연스럽게 이런저런 이야기를 나누는 것은 필요하다. 물론 회사는 일하는 곳이다. 하지만, 일만 해야 한다면 조금은 삭막하지 않을까? 회식을 통해 조금은 편한 분위기 속에서 서로를 알아가며 팀워크를 공고히 하는 과정이라 생각한다.

회식이 주어진 틀에서 벗어나 생활의 활력이 되도록 이끄는 방법은 많다. 다만 실천하지 않을 뿐이다.

어서와~ 조직문화는 처음이지?

27

구글에서 배우는 리더의 소통하는 방법

리더의 소통 방법

여러 번 취업에 실패한 아들이 "입사지원서의 자기소개서 중 향후 포부를 작성하는데, 1,000자 이내에 여백도 포함되느냐?" 라고 묻는다. 어떻게 대답하겠는가? 대부분 아버지는 "포함된다", "네가 해봐", "그런 것을 왜 나에게 물어?" 등 정답을 이야기한다. 하지만 어머니라면 "우리 아들 힘들지? 뭐 해 줄까?" 한다. 아들 과의 공감을 통한 소통을 한다.

이러한 소통을 잘하기 위한 수많은 책이 있다. 직장 생활을 하 면서 리더가 소통을 잘하려면 이 3가지를 반드시 알고 실천하라 고 한다.

첫째, 진정성을 갖고 관심을 가져 주라.

둘째, 상대가 성장하기를 바라는 마음가짐이 우선이다.

셋째, 하나라도 강점을 찾고 이를 강화하며 인정해 주라.

구글의 6가지 리더 행동 원칙

　구글은 2012~15년에 걸쳐 180여 개 팀을 분석하여 "최고의 팀이 가진 성공 요인은 무엇인가?"를 조사하였다. 이 결과, 성과를 내는 팀의 조건으로 '심리적 안정감'이 가장 토대가 되는 밑바탕이었다. 팀원들이 리스크를 감수하고 자신의 취약점을 드러내도 안전하다고 느끼는 것이다. 그 위 2단계는 팀원들이 정해진 시간 안에 맡은 일을 끝마치며 높은 기준을 충족하는 상호 의존성이었다. 3번째 단계는 명확한 역할 분담과 계획과 목표를 하는 체계와 명확성이었다. 4번째 단계는 맡은 일에 개인적 의미를 부여하는 일의 의미였다. 가장 정상의 5단계는 지금 하는 일이 중요하며 변화를 일으키는 것이라 믿는 일의 영향이 그 구성요소였다.

　심리적 안정감, 상호 의존성, 체계와 명확성, 일의 의미, 일의 영향에 결정적 역할을 하는 원동력이 리더이다. 구글은 리더의 행동 원칙을 6가지로 정해 소통을 장려하고 있다.

❶ 리더는 구성원의 말을 도중에 끊지 말아야 한다.
❷ 리더는 구성원이 발언을 끝내면 그 내용을 요약함으로써 귀담아듣고 있다는 사실을 입증해 보여야 한다.
❸ 리더는 모르는 것을 모른다고 흔쾌히 인정해야 한다.

❹ 리더는 회의에서 모든 구성원에게 적어도 한 번 이상의 발언 기회를 주어야 한다.

❺ 리더는 곤경에 빠진 구성원에게 좌절감을 털어놓도록 독려하고, 팀원들에게는 개인적인 비판을 삼가도록 유도해야 한다.

❻ 리더는 조직 내의 갈등을 공개적인 토론을 통해 해소해야 한다.

내용을 보면 당연한 것이며, 하면 된다고 생각할 수 있다. 하지만, 쉽지 않다. 내가 한다고 생각하고 하는 것과 구성원이 느끼는 것은 차이가 있다. 이러한 행동 원칙을 정해 우리 리더들이 이렇게 하겠다고 선언하고 체크 리스트를 가지고 하나하나 점검해 나가면서 변하는 것이다. 이러한 노력을 보여주고, 인정하고 동참할 때 성과를 내는 강한 팀으로 하나가 된다.

28
네패스의
감사 경영

감사하는 마음

우연한 기회에 네패스 이병구 회장의 『경영은 관계다』(그래티튜드 경영)란 책을 읽게 되었다.

이 회사에는 3·3·7 라이프가 있다. 하루 3가지 이상 좋은 일을 나누고, 하루 3곡 이상 노래를 부르며, 하루 30분 이상 책을 읽고, 하루 7가지 이상 감사 편지를 쓴다고 한다. 이병구 회장은 "감사는 사람과 사람 사이에서 맺어지는 최선의 상태, 가장 우호적이고 긍정적이면서 함께 행복을 지향하는 관계이다. 감사가 지향하는 바는 정서적이고 현실적인 면에서 최고의 관계를 만들어 내려는 상호 간의 노력이다"라고 한다.

책에는 생산성 향상, 제안 활동, 심지어 기계의 불량률도 직원이 감사하는 마음을 가지고 근무를 하면, 크게 개선된다고 강조한다. 나아가 실패를 기꺼이 받아들이고 심지어 실패를 감사하는

어서와~ 조직문화는 처음이지?

태도를 이야기한다. 글로벌 기업인 3M, P&G에 실패 상과 실패 파티가 존재하는데, 실패 속에서 교훈과 배움을 감사하라고 한다.

우리는 회사와 직무에 감사하고 있는가?

퇴직을 하고 6개월 이상 특별한 직업을 가지고 있지 않은 분들을 만나 회사와 직무에 대해 물으면 어떤 답변이 나올까 궁금하다. 결혼식장에서 퇴직 후 2년이 지난 동료를 만났다. 퇴직 직후 지방으로 내려가 텃밭을 가꾸는 A와 서울에서 아직 새로운 직장을 정하지 않고 기회를 보고 있는 B였다. 함께 식사하면서 퇴직 후 무엇이 가장 힘드냐고 물으니, 시간 보내는 것이라고 한다. 특히 B는 직장 생활을 할 때는 시간이 부족할 만큼 아침 일찍 출근해 밤 늦게까지 일해, 일벌레라는 별명까지 갖고 있었다. 찾아오는 사람은 물론 전화 한 통 없다. 기대도 하지 않았지만, 섭섭하다고 한다. 회사 생활을 할 때는 단 한 번도 회사 출근과 일하는 것에 대해 감사한 적이 없었지만, 퇴직 후 할 일이 있고, 갈 곳이 있으며, 만날 사람이 있는 것이 얼마나 큰 행복인가를 느끼고 있다고 한다.

지난 다음에 알게 되는 일이 있다. 하지만, 있는 순간에 알게 된다면 보다 지혜롭지 않겠는가? 모든 일은 지나가고 잊히게 되어 있다. 있는 순간에 회사와 하고 있는 일에 감사한다면 보다 의미 있는 성과와 추억을 남길 수 있을 것이다.

감동을 주고 있는가?

한 달에 평균 10번 정도 직장인을 대상으로 강의한다. 하나의 회사를 대상으로 회사 또는 회사가 지정한 교육 장소로 찾아가는 경우가 있다. 여러 회사의 직장인을 대상으로 공개 강의를 하는 경우도 있다. 교육생으로 참석하면 대부분 대답하지 않거나 질문에 반응을 보이지 않는다. 역으로 질문하는 경우는 거의 없다. 한순간에 무능한 강사가 된다. 자신이 질문하고 대답이 없기 때문에 자신이 답한다. 일방적인 강사의 설명이 이어질 수밖에 없는 상황이 된다.

한번은 시작과 동시에 가벼운 유머를 던졌는데 웃음소리가 크다. 한 참석자가 갑자기 질문해서 좋은 질문이라고 하니 박수를 친다. 특정 상황을 주고 5분간 조별 토의를 하라고 하니 모두가 열중한다. 참석자들의 적극적인 참여가 강사에게 감동을 준다. 이러한 감동을 받는 날에는 준비한 그 이상으로 펼치게 된다. 가지고 있는 모든 지식과 경험을 공유하고, 종이를 나눠주고 궁금한 점이나 원하는 자료가 있으면 메모로 남기거나 이메일로 요청하라고 한다. 하나하나가 부담될 수 있어도 기꺼이 해주고 싶다. 감동을 받았기 때문이다.

　A기업의 인사 자문을 하고 있다.

　인사제도의 전반적인 현황을 살피고, 특정 영역(채용, 평가, 승진, 문화 등)에 대한 개선을 자문해야 하는데, 중간 관리자들의 열정이 대단하다. 대기업에 비해 젊고 넓은 범위의 직무를 수행해도 힘든 내색을 보이지 않는다. 도와주고 싶은 생각이 든다. 리더십에 대한 자료, 일하는 방식에 대한 조언, 사람과의 관계에 대한 원칙과 대응, 한 명 한 명이 보낸 글에 답변해 준다. 이제는 돈을 받고 일한다는 생각은 하지 않는다. 일을 하기 때문에 즐겁고 행복하며 자부심을 느끼는 점이 더 중요하다. 이러한 생각의 변화 덕분일까? 메일을 받는, 자료와 상담을 받은 사람들이 감동이라고 한다. 어느 순간, 감동을 받는 순간도 즐겁지만, 감동을 주는 사람이 되는 것이 더 즐겁다.

　네패스에서는 하루 7가지 감사할 일을 하고 감사 편지를 쓴다고 한다. 하루 한 번만이라도 그 누구에게 감동을 주는 그런 사람이 되고 싶지 않은가?

29
대상의 '존중'에서 배우는
조직문화

대상의 존중문화

　1956년 설립된 대상은 우리에게 국민 조미료 1위 미원으로 친숙하다. 1960~80년대 직장인이라면 미원과 미풍의 경쟁을 기억할 것이다. S그룹의 거센 도전에도 굴하지 않고 국내 최고의 위치를 고수한 미원. 이때부터 대상의 기업문화는 자리 잡아가지 않았을까 생각한다.

　글로벌 경영 환경이 바뀜에 따라 많은 기업이 비전을 달성하기 위해 전략적 접근과 문화적 접근을 병행한다. 전략적 접근은 전략과 방안을 수립하여 이를 중심으로 조직과 구성원을 이끌어 간다. 회사의 목표－본부의 목표－팀의 목표－개인의 목표를 연계하여 목표에 의한 성과 창출 방법이다. 대상은 기업 역사가 말해주듯 오랜 기간 수많은 위험 속에서 '고객의 행복과 건강을 위하는 마음'을 잃지 않고 식품과 소재 산업, 국내에서 해외로 전략적 변신을 하고 있다.

　문화적 접근은 미션-비전-핵심 가치의 가치경영이다. 대상의 문화적 접근의 핵심은 '존중'이다.

　대상은 들판에서 피아노를 치는 소녀와 함께 존중의 의미를 설명하며 보는 이의 심금을 울린다.

　　"저 낮은 제비꽃에게도 허리 숙여 인사하는 마음이 존중이다.
　　아이가 손을 흔들면 같이 손을 흔들어 주는 마음이 존중이다.
　　존중은 아주 작고 아무것도 아닌 것들에도 귀 기울이고 마음을 열고 함께하려고 노력하는 마음이다.
　　그렇기 때문에 존중엔 나이가 없고 국경도 없고 성별이 없고 어떤 구별과 차별도 없다.
　　대상은 그런 존중의 가치를 믿는다.
　　그리고 존중의 가치가 더 많은 곳에서 더 많은 사람에게 자라나기를 희망한다.
　　그것이야말로 우리가 사는 세상을 훨씬 더 살 만한 세상으로 자라게 하기 때문이다.
　　존중은 덜 말하고 더 듣는다.
　　존중은 다른 생각을 환대한다.
　　존중은 싸움과 친하지 않다. 존중은 이해심과 친하다.
　　존중은 하면 할수록 세심하고 세밀해진다.
　　존중은 지금만을 생각하지 않고 다음 세대까지 고민한다.
　　더 많은 삶을, 다름을, 일상을, 숲을, 바다를, 내일을, 나라를, 식탁을….
　　더 많은 것을 존중의 대상으로"

대상의 미션은 '사람과 자연 모두가 건강한 세상'이다.

행동 방식은 가능성과 다양성 존중, 창의성과 도전, 존중이며, 경영이념은 인간 존중, 미래 존중, 고객 존중이다. 존중을 강조하는 대상의 조직문화는 구성원과의 열린 소통을 강조하며 대상인의 일하는 방식을 설명한 행동 약속 CoC(Consensus of Conduct)에서 엿볼 수 있다.

❶ 구성원 육성 : 잘한 일이 보이면 콕(CoC)! 찍어 칭찬해요.
❷ 장기적 관점/미래 지향 : 대상의 내일을 위해 오늘의 선택을 해요.
❸ 다름 인정 : 다른 생각 다른 행동 우리의 다름이 경쟁력이에요.
❹ 수평적 소통 : 편견 없이 듣고 두려움 없이 말해요.
❺ 주도 능동성/권한 위임 : 내 일의 프로페셔널, 내일의 프로페셔널.
❻ 된다는 생각/도전 기회 : 된다는 생각이 작은 가능성을 진짜 성과로 만들어요.
❼ 협업 : 한 명의 스타플레이어보다 우리는 팀플레이

조직문화는 한순간에 완성되지 않는다. 조직과 구성원 모두가 한마음이 되어 한 방향으로 가기 위해서는 많은 노력이 필요하다. CEO의 방향 제시와 적극 참여는 기본이며, 주관 부서의 올바른 전략과 방안, 점검과 피드백, 제도와 확산 노력이 조직과 구성원을 움직이게 하는 원동력이다. 물론 현업 조직장의 역할 인식과 참여는 말할 필요가 없다. 대상 지주사 조직문화 팀장의 열정에 찬 설명을 들으며 조직문화의 3가지 시사점을 얻게 되었다.

대상의 존중문화에서 배운 3가지 시사점

조직문화를 이야기할 때, 대부분 정의와 무엇을 해야 할 것인가에 대해 당황해한다. 어느 순간 회사에서 조직문화 팀은 종합병원이 되었다. 문제가 생기면 전부 조직문화를 탓하고 찾는다. 역할이 모호한 일은 조직문화 부서에서 해결하라고 한다. 실행이 되지 않거나, 도전하지 않으면 조직문화 탓이다.

팀의 팀워크가 낮은 이유는 팀의 리더인 팀장에게 더 높은 비중이 있음에도, 조직문화 탓이라 한다. 대상의 조직문화는 존중이라는 가치를 통해 우리에게 3가지 시사점을 준다.

첫째, 조직문화의 선택을 통한 한 방향 정렬이다.

경영층은 회사 내 조직문화도 궁극적으로 회사 성과에 기여해야 한다고 생각한다. 구성원은 조직문화를 통해 안정, 성장, 즐거움을 추구한다. 무엇을 선택하여 어떻게 이끄는가는 매우 중요한 선택이다. 세계적 화학 회사인 듀폰은 안전을, 대상은 존중을 선택했다. 선택을 통해 조직과 임직원의 생각, 행동, 결정의 한 방향 정렬을 이루어가는 것은 큰 힘이다.

둘째, 소통을 통한 실행이다.

많은 기업이 액자 속의 가치로 '보여주기식', '했다 주의'로 끝나는 경향이 있다. 무엇인가 전략과 가치를 수립했다면 현장에서 이를 실천해야 한다. 실행되지 않는 것은 의미가 없는 것이다. 대상은 열린 소통으로 존중문화에 대한 자발적 참여를 이끌어 내고 있다.

셋째, 꿈과 열정이 있는 주관 부서이다.

대상의 조직문화는 추구하는 꿈이 있다. 미션과 비전과 연계하여 존중의 행동들이 있다. 조직문화 팀의 열정에서 해낼 것이라는 믿음을 준다.

많은 회사가 조직문화 팀을 만들고, 전문가를 초청하여 자문과 강의를 듣고, 수많은 책을 통해 그 방법을 배운다. 하지만, 조직문화가 좋다는 말을 하는 회사와 직원은 그렇게 많지 않다. 왜 그럴까? 대상의 존중문화의 실천에서 그 해답을 찾는다.

어서와~ 조직문화는 처음이지?

30

아마존의 14개 리더십 원칙과 시사점

아마존의 14개 리더십 원칙

아마존에는 창업자 베이조스가 2002년에 정리한 리더십 원칙 (Leadership Principles) 14개 항목이 있다. 아마존의 조직장이 직원을 통솔할 때 활용하는 원칙으로, 전 임직원은 이를 외우고 실천한다. 1원칙인 "소비자에게 집착하라"이다. 리더십 원칙은 아마존 전 임직원을 한마음이 되어 한 방향으로 이끄는 원천이다.

아마존의 14개 원칙은 다음과 같다.

❶ 소비자에게 집착하라.
❷ 주인의식을 가져라.
❸ 길을 찾고 단순화하라.
❹ 리더는 상당히 옳다.
❺ 계속 발명하고 호기심을 품어라.

❻ 최고를 채용하고 개발하라.

❼ 최고 기준을 고집하라.

❽ 대담하게 생각하라.

❾ 말보다 행동 위주로 하라.

❿ 검약하라.

⓫ 타인의 신뢰를 얻어라.

⓬ 세세한 면까지 깊게 따져라.

⓭ 결정하면 전념하라.

⓮ 좋은 결과를 이끌어 내라.

국내 기업의 리더십 함양

국내 10대 그룹의 인재개발원을 벤치마킹한 적이 있다. 리더의 선발과 육성에 대해 중점을 두지 않는 그룹은 없었다. 리더십 파이프라인을 중심으로 리더십 육성 체계를 다 구축하고 있었다. L그룹과 S그룹은 리더십 육성 체계에 크게 5가지 특징이 있었다.

첫째, 엄격한 예비 리더의 선발이다. 중요한 직책에 대해서는 후보자 제도를 두고 이들의 선발 기준을 매우 엄격하게 가져가고 있었다. 3개년 성과는 기본이고, 성장 가능성과 조직과 사람에 대한 로열티를 검증해 선발한다.

둘째, 예비 리더와 리더들에 대한 Blended learning(집합 교육과 온라인 교육 등 비집합 교육의 병합)이다. 3개월에서 1년의 긴 교육 과정을 통해 충분한 학습과 검증 기간을 가져간다.

셋째, Action learning(문제해결형 교육)이다. 현업의 문제를 교육의 장으로 가져와 이를 해결하고 현장에 적용하는 방식으로 강의보다는 주제 발표와 토론 형식의 현실적 교육을 실시한다.

넷째, Assessment Center의 운영이다. 예비 리더와 리더의 인성과 적성, 리더십을 파악하여 피드백해 준다. 특히 S그룹의 경우, 임원 승진 대상자 또는 성과가 떨어지는 자에 대한 선별 진단을 통해 승진이나 퇴임 등 활용에 참고한다.

다섯째, HRM/HRD의 연계이다. 선발은 HRM에서 주로 이루어지지만, 리더의 육성과 유지 관리에 HRD의 결과를 연계하여 리더의 선발, 승진, 이동 및 퇴출에 적용한다.

리더십 강화를 위한 제언

1명의 리더가 회사, 조직, 직원에 미치는 영향은 그 무엇보다도 크다. 잘못 선발한 리더는 회사와 조직 나아가 직원의 성과와 미래에 대한 기대를 너무나 빠르게 악화시킨다. 더 무서운 점은 이들이 다른 리더에게 점염시킨다는 점이다.

아직도 국내 기업의 임원은 오너인 CEO 1인에 의해 선발되고 관리되는 경향이 많다. 조직의 개편과 임원의 선발, 이동, 승진과 퇴출은 자신의 몫이라 생각한다. 1년에도 몇 번 조직개편과 임원 인사를 실시한다. 제도와 시스템이 1인에 의해 좌우되면 임직원은 제도와 시스템을 믿지 않는다. 1명의 판단에 의해 바뀌기 때문이다. 제도와 시스템이 제대로 작동하기 위해서는 한번 하기로 한 것은 반드시 한다는 믿음을 심어줘야 한다. 회사의 리더(조직장)는 눈치를 보며 의사결정을 내리지 못하는 사람이 아닌, 철학과 원칙을 갖고 주도적으로 결정을 내리고, 조직과 직원을 성장시켜야 한다.

이를 위해 리더의 선발, 육성 등 유지관리, 퇴출에 관한 체계적이고 조직적인 제도와 시스템이 구축되고 실행되어야 한다. 조직과 구성원들이 우리 회사의 조직장은 엄격한 기준과 절차를 통해 검증된 뛰어난 사람이라고 인정해야 한다. 조직장이 되기 너무 힘들다는 문화가 정착되어야 한다.

어서와~ 조직문화는 처음이지?

바보야 평가가 아니라 성과 관리야

홍석환 지음 | 값 20,000원

30여 년간 인사관리를 연구해온 저자는 이번 신간을 통해 기업의 성과관리와 평가계획에 대해 명쾌하고 설득력 있는 통찰을 던져주고 있다. 특히 저자는 기업의 직원평가는 단순히 직원들을 등급별로 나누어 인사조치를 시행하기 위한 도구가 아니라 기업 전체의 성과를 관리하는 아주 중요한 과정이며 세심하게 계획을 짜서 운용해야 하는 중대 업무라는 사실을 강조한다.

인간관계가 답이다

홍석환 지음 | 값 16,000원

삼성그룹, GS칼텍스 인사기획팀, KT&G인재개발원장 등을 거치며 오랫동안 기업의 인재경영을 연구해 온 홍석환 저자는 '누구도 혼자서는 성공할 수 없다'는 말과 함께 스스로를 진정한 리더로 만들어 나가는 직장 내 인간관계의 비법을 제시한다. 이 책을 통해 독자들은 상사와 동료, 부하의 진심을 얻을 수 있는 직장생활의 전략을 이해하고 이를 기반으로 하여 직장 내에서 '진정한 성공'을 향해 나아갈 수 있을 것이다.

임원의 품격, 꿀팁 50가지

홍석환 지음 | 값 20,000원

31년여간을 대기업의 HR전문가로서 활동했으며 현재는 여러 기업들을 대상으로 인재 관리와 육성에 관한 전문 컨설팅을 진행하고 있는 홍석환 대표의 이 책은 은 기업에서 임원의 자리에 막 오르게 된 이들을 대상으로 회사 내 모두에게 '존경받는 임원'이 되기 위해 꼭 갖춰야 할 다섯 가지 능력과 50가지 실질적 가이드를 소개하고 있다.

나는 리더인가

홍석환 지음 | 값 15,000원

『나는 리더인가』는 〈리더스 다이제스트Leader's Digest〉와 같은 책이다. 전체 80항목으로 구성되어 있으나 길지도 짧지도 않은 분량으로 리더가 갖춰야 할 필수 항목들을 요약적으로 짚어내고 있다.
군더더기 없는 핵심만을 지적하고 강조한 점에서 리더가 되고 싶은, 혹은 리더의 길을 걸어오며 한 번쯤 자신을 되돌아보고 싶은 분들이 본인의 체크리스트로 삼기에 더없이 좋은 책이다.

성과를 내는 조직은
성과를 내는 조직문화가 있다

권선복 | 도서출판 행복에너지 대표이사

누구나 직장에 맨 처음 입사했을 때는 자신의 업무에 집중하면
서 회사 생활과 일을 배워나갑니다. 그렇게 여러 해를 일하다가
조직장으로 승진을 하게 됩니다. 이 과정에서 실무 담당자로서 필
요한 업무능력과 조직장으로서 필요한 업무능력은 매우 다르다는
사실을 깨달으며 고민에 빠지는 경우가 많습니다.

이렇게 고민하는 조직장들을 위한 책이 바로 이 책『어서 와, 조
직문화는 처음이지?』입니다. 이 책을 저술한 홍석환 저자는 현재
'홍석환의 HR전략 컨설팅'의 대표로 활동하고 있으며 31여 년간
삼성그룹, LG정유, KT&G 등의 대기업에서 인재 육성과 인사 업
무를 담당, 연구해온 경험과 이론을 바탕으로 이 책에서 조직문화

의 정의와 중요성, 그리고 조직문화 개선의 실천을 이야기합니다.

홍석환 저자가 이야기하는 기업 내 바람직한 조직문화의 핵심은 직원들이 일하고 싶어 하는 회사를 만드는 데서 성과가 나온다는 것입니다. 특히 직원들이 일하고 싶어지는 회사라는 것은 성장과 성취, 보람을 느낄 수 있게 하는 조직문화를 가진 회사라는 점을 강조합니다.

이러한 핵심을 기반으로 CHAPTER 1에서는 장기적으로 성장하고 행복한 회사, 직원들이 즐겁게 일하며 머물고 싶어 하는 회사의 모습을 소개하고 있으며, CHAPTER 2에서는 '했다 주의', '나 아니면 안 될 거야' 등 대한민국의 여러 기업에 퍼져 있는 문제적 조직문화를 이야기하고 해결법을 고민합니다. 마지막 CHAPTER 3에서는 '강한 조직문화를 만드는 30가지 비결'이라는 이름으로 조직장의 위치에서 실질적으로 활용 가능한 조직문화 개선 방안을 소개합니다.

31년여 동안 '조직의 인사와 성과관리'에 대한 꾸준한 연구를 거듭하며 연 100회 이상의 관련 강의와 지속적 컨설팅은 물론, 꾸준한 저술활동 역시 계속하고 있는 홍석환 저자의 20번째 저술에 해당하는 이 책이 많은 조직장들에게 도움을 줌과 동시에 대한민국의 기업문화를 바꾸어 나가기를 희망합니다.

'행복에너지'의 해피 대한민국 프로젝트!

〈모교 책 보내기 운동〉〈군부대 책 보내기 운동〉

한 권의 책은 한 사람의 인생을 바꾸는 힘을 가지고 있습니다. 한 사람의 인생이 바뀌면 한 나라의 국운이 바뀝니다. 그럼에도 불구하고 많은 학교의 도서관이 가난하며 나라를 지키는 군인들은 사회와 단절되어 자기계발을 하기 어렵습니다. 저희 행복에너지에서는 베스트셀러와 각종 기관에서 우수도서로 선정된 도서를 중심으로 〈모교 책 보내기 운동〉과 〈군부대 책 보내기 운동〉을 펼치고 있습니다. 책을 제공해 주시면 수요기관에서 감사장과 함께 기부금 영수증을 받을 수 있어 좋은 일에 따르는 적절한 세액 공제의 혜택도 뒤따르게 됩니다. 대한민국의 미래, 젊은이들에게 좋은 책을 보내주십시오. 독자 여러분의 자랑스러운 모교와 군부대에 보내진 한 권의 책은 더 크게 성장할 대한민국의 발판이 될 것입니다.

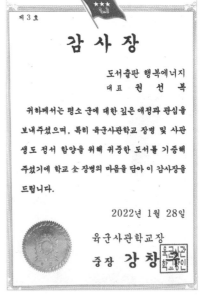